안방환의

가능성은 그 안에 있다

내가 사는 방식
글과 그림

안방환의

가능성은
내안에 있다~

초판 1쇄 **인쇄** 2019년 1월 10일
초판 1쇄 **발행** 2019년 1월 25일

지은이 안방환
펴낸이 이재욱
펴낸곳 (주)새로운사람들
디자인 김명선
마케팅 관리 김종림

ⓒ안방환, 2019

등록일 1994년 10월 27일
등록번호 제2-1825호
주소 서울 도봉구 덕릉로 54가길 25(우 01473)
전화 02)2237-3301
팩스 02)2237-3389
이메일 ssbooks@chol.com
홈페이지 http://www.ssbooks.biz

ISBN 978-89-8120-571-3(14193)
      978-89-8120-570-6(세트)

내가 사는 방식
글과 그림

안방환의
가능성은
내 안에 있다

KPMC
korea performance management consulting group
새로운사람들

<프롤로그>

개인과 조직의 역량개발 저서

올해로 내 꿈을 향해 회사를 관두고 나온 지 20년째다.

회사에서 수많은 컨설턴트와 강사를 접촉할 기회가 있었고 한결같이 내 눈앞에 보이는 그들은 해당 분야 전문가였고 지식인이었다. 물론 내 꿈이라고 하지만 가족이 있는 가장으로서 잘 다니던 회사를 관두고 새로운 직업을 택한다는 것이 쉬운 결정은 아니었다.

7년 동안은 프리랜서를 경험하며 내 꿈과 적응하는 시기였다. 아쉬운 것은 내가 하고 싶은 일을 하는 것이 아니라 시키는 일을 하는 것이 조직자 성격유형인 나와는 잘 맞지 않았다.

고심 끝에 한국성과경영컨설팅(Korea Performance Management Consulting)이란 법인을 설립하였고, 회사 슬로건으로 "Simply, Easily & Completely"로 한 것이 현재까지 회사의 모토(motto)로 자리 잡고 있다.

법인을 설립하고 시간이 지남에 따라 고객들의 요구도 다양해졌다. 기업의 전략 수립에서부터 마케팅, 업무 프로세스 재설계, ISO 인증, 공장혁신, 안전문화 등 다양한 부분을 수행하기에는 한국성과경영컨설팅이란 이름이 어울리지 않았다. 그래서 바꾼 것이 현재의 KPMC다.

한 번은 여의도에 있는 금융회사에서 고객만족에 대한 컨설팅을 진행하고 있었는데 벽에 걸린 동기 부여 포스터를 보게 되었다. 순간 내가 가지고 있던 변화에 대한 갈망을 해소할 수 있다는 판단에 가슴이 뜨거워짐을 느꼈고, 지금 뭔가 하지 않으면 후회할 것 같은 생각을 하게 되었다. 그동안 강사라는 직업으로 늘 만족하지 못했던 한 부분을 채워 줄 수 있겠다는 '촉'이 발동한 것이다. 그날 저녁부터 새로운 사업을 준비하였고 현재 운영하는 이포스터가 탄생하게 된 계기다.

이포스터는 인적 자원관리, 친환경, 품질관리, 현장개선, 안전문화, 창의개선, 직장예절 등 특정 주제를 바탕으로 포스터, 플래시, 팝업 등의 형태로 제작되어 한 주 동안 조직과 개인 역량 개발을 위한 주간경영 포스터(W-Poster)로 구분하여 공기업과 대기업 그리고 중소기업에 이르기까지 구성원들의 교육과 동기 부여에 활용되었다.

교육에 대하여 철학자 허버트 스펜서는 "교육의 위대한 목표는 앎이 아니라 행동이다."라고 했으며, 소설가 마크 트웨인은 "교육이란 알지 못하는 바를 알도록 가르치는 것이 아니라, 사람들이 행동하지 않을 때 행동하도록 가르치는 것이다."라고 했다.

이포스터는 단순한 지식 전달이 아니라 공감과 행동 변화를 위한 도구이다. 그동안 경직되고 주입식에 익숙한 교육방식을 벗어나 친근감 있는 삽화와 함께 대중에게 공감을 얻고 행동으로 이어질 수 있도록 하는 것이 이포스터가 추구하는 목적이다.

나는 조직학습과 조직변화 이론의 전문가 데이비드 허친스의 책을 좋아한다. 깊이 있는 조직이론을 바탕으로 조직을 설계하고 그들에게 목표와 동기를 불러일으키는 전문 서적이기 때문이라고 생각하겠지만 내가 좋아하는 이유는 딱 두 가지다.

첫째는 책 전체 내용에서 글씨가 많이 없다는 것, 그리고 둘째는 그림이 많아 빨리 내용을 이해할 수 있다는 것이다.

책의 목적이 무엇인가 생각해 본다. 글씨를 읽는 것이 목적이 아닌 것은 분명하다. 책을 통하여 작가의 지식과 경험을 이해하고 개인의 행동으로 이어질 수 있도록 하는 것이 책의 본질이 아닌가 생각한다.

이 책은 지난 2013년부터 6년 동안 매주 월요일 아침에 발행한 주간 경영 포스터가 바탕이 되어 출판으로 이어졌다. 애초 출판 목적은 아니었지만, 주변의 권유로 두 권의 책을 동시에 발간하게 되었다.

1권은 개인 역량에 대한 내용이다. 새로운 시대 상황을 정확히 이해하고 열정과 도전을 바탕으로 어떻게 행동할 것인가에 대한 자기계발의 메시지를 제공해 줄 것이다.

2권은 조직 역량에 대한 내용이다. 개인이 모여 조직이 구성되는데, 가장 중요한 것은 기본이라 생각했다. 기본이 준수되는 조직, 끊임없는 혁신과 비전을 통하여 성과를 올려야 하는 조직의 목표는 효과적인 팀워크와 의사소통, 그리고 조직 내의 인간관계에서 나온다고 할 수 있다. 또한 이러한 과정에서 발생할 수 있는 리스크를 예방하고 통제할 수 있는 정신 무장의 중요성을 전해줄 것이다.

이포스터는 매주 월요일 새로운 감동과 열정을 선물하기 위하여 계획되고 있으며, 또 다른 시간에 새로운 콘텐츠로 다시 여러분 앞에 선보이도록 하겠다.

2019. 01.

안방환

<차례>

제2장
학습과 실행으로 기회를 만들어라

제3장
패러다임을 이해하고 사고를 전환하라

제4장
리더십을 키워라

제1장

열정과 도전으로 무장하라

훌륭한 뱃사공은 물결 사나운 바다에서 단련된다

시련 없이 인생을 살아갈 수 있다면 얼마나 좋겠습니까. 그러나 시련은 인간을 더욱 단단하게 단련시키기 위한 도구이자 과정이라고 할 수 있습니다.

"잔잔한 바다에서는 훌륭한 뱃사공이 만들어지지 않는다."라는 영국 속담이 있습니다. 시련 없이 성공하는 사람은 없고 시련 없이 훌륭한 성과를 얻을 수 없다는 뜻입니다.

둥글고 예쁜 바닷가의 조약돌은 수많은 파도를 견뎠기 때문에 더 큰 파도가 오더라도 묵묵히 그 모습을 유지할 수 있습니다. 잔잔한 바다에서는 훌륭한 뱃사공이 만들어지지 않는 것처럼.

*나는 진취적인 사고와 도전적인 목표를 가지고 있는가?
*나는 시련이 닥치더라도 맞설 수 있는 정신무장이 되어 있는가?

잔잔한 바다에서는
훌륭한 뱃사공이 만들어지지 않는다

- 영국속담

不狂不及, 미쳐야 미친다

살아가면서 미치도록 집중해본 적이 있습니까? 만약 당신이 하는 일에 목숨 걸고 도전하고 있다면 현재 성공하였거나 언젠가는 꼭 목표를 달성할 수 있을 것입니다. 누구나 최선이라는 단어를 사용하고 있지만 대부분은 본인의 만족으로 끝나는 경우가 많습니다. 지금 미치도록 도전하십시오. 도전은 그 자체만으로도 아름답기 때문입니다.

*현재 하는 일에 최선을 다하고 있는가?

*주위에서 목숨 걸고 도전하는 사람은 누구인가?

날면서 미쳤다는 말을
들어 보지 못했다면
당신은 단 한번도 목숨 걸고
도전한 적이 없었던 것이다

- W. 볼튼

두려움을 극복하는 법

인간이 가장 조심해야 할 것은 자기 안에 있는 두려움이라고 영국의 평론가 토마스 칼라일은 말합니다. 두려움은 결과에 대하여 불안감을 느끼는 하나의 기분 현상으로 실패에 대하여 주변 사람들로부터 받을 수 있는 모멸감이 불안감으로 이어져 결국 두려움을 느끼게 한다는 것입니다. 두려움은 어떻게 극복할 수 있을까요? 그것은 자신감입니다. 따라서 결과에 대한 불안감을 극복하기 위해서는 과감한 자신감과 철저한 사전 준비로 내 안에 있는 두려움을 없애야 합니다.

*나는 현재 어떤 부분에 두려움을 느끼고 있는가?
*나는 그 두려움을 효과적으로 극복하고 있는가?

인간이 가장 조심해야 할 것은
자기 안에 있는 두려움이다

-토마스 칼라일

☎ 1566-6043 www.e-poster.co.kr

열정, 승자들의 가장 중요한 자질

CEO의 가장 중요한 자질에 대하여 잭 웰치 회장은 "열정!"이라고 이야기하였습니다. 만약 당신이 열정을 가지고 현재의 과업을 수행하고 있다면 당신은 이미 CEO이거나 미래의 CEO가 될 수 있는 자질을 충분히 갖추고 있는 사람입니다.

그러나 열정이 없는 사람은 불평, 불만, 좌절, 그리고 허영심으로 가득 차 있는 나약한 모습일 것입니다. 승자(勝者)들이 가지고 있는 가장 큰 역량은 바로 "열정(Passion)!"입니다.

*나는 열정적인 사람인가?

*열정적인 모습을 위하여 지금 즉시 실천할 사항은 무엇인가?

승자들이 가지고 있는 공통적인 특성

승자와 다른 사람을 구분시키는 특성을 꼽는다면
그것은 바로 '열정'이다.

– 잭 웰치 GE 전 회장

내 인생의 주인은 나다

인간은 누구나 생로병사의 과정 속에서 인생을 살아가고 있습니다. 돌이켜 보면 지금껏 살아가면서 부모님, 스승님 그리고 주변의 많은 사람들로부터 삶에 대한 방향과 지침을 제공받고 있었습니다. 때로는 힘들고 혼자의 힘으로 헤쳐 나가기 어려울 때면 그들로부터 위안을 받았던 시기도 많았다고 생각합니다.

그러나 누군가에게 의지하고 도움을 받을 수는 있지만 인생 그 자체가 변할 수는 없습니다. 아무리 주변에서 도움을 준다고 하더라도 결국 내가 움직이지 않고는 아무 것도 바뀔 수 없습니다. "내 인생은 나만이 바꿀 수 있고 아무도 나를 대신해 줄 수 없다."는 미국의 영화배우 버넷의 말에 공감하게 됩니다. 스스로 생각하고 행동해야만 주변의 도움으로 큰 시너지를 이룰 수 있습니다.

따라서 진정한 변화는 나로부터 시작되고 내가 행동해야만 변화시킬 수 있다는 것을 알아야겠습니다.

*내 인생에 있어 새로운 변화가 필요한 시기인가?
*내 인생을 변화시키기 위하여 어떤 노력을 하고 있는가?

목표를 세워야 희망이 생긴다

　목표를 향해 나아가는 과정에는 분명히 시련이 있게 마련입니다. 그러나 그 시련이 두려워 목표를 설정하지 않는 사람에게는 희망조차도 없습니다. 미래를 위해 현재를 희생하려는 자신에 대하여 회의감이 든다면 소중한 당신의 꿈을 다시 한 번 생각해 보십시오. 터널을 지나고 나서 보는 바깥 모습은 평소보다 더 밝게 마련입니다.

*나는 지금 어떤 꿈을 꾸고 있는가?

*절망을 희망으로 바꾸는 방법은 무엇일까?

바람과 맞서라

자유롭게 하늘을 나는 새도 자세히 보면 바람과 싸우고 있습니다. 새가 하늘을 날 수 있는 것은 바람을 이길 수 있기 때문입니다. 바람을 두려워하는 새는 결코 하늘을 날 수 없습니다.

우리의 인생은 어떻습니까? 편안한 날보다는 시련과 고통, 그리고 어려운 환경이 많을 수도 있습니다.

그러나 성공한 사람은 그들 앞에 있는 역경에 굴하지 않고 당당히 극복하였기 때문에 성공한 사람으로 일컬어집니다. 오늘의 시련은 나를 더욱 단단하게 하는 성공의 씨앗입니다.

*바람과 맞서며 살아가는가, 바람을 피하며 살아가는가?

*바람과 맞서며 살아가려면 어떤 준비가 필요할까?

바람과 맞서지 않으면
바람을 타고 날 수 없다!

☎ 1566-6043 www.e-poster.co.kr

스스로 알을 깨면 병아리,
남이 알을 깨주면 에그 프라이

도전하는 사람과 도전받는 사람을 생각해 보십시오. 도전하는 사람은 상대를 분석하고 승리를 위한 전략을 수립합니다. 그러나 도전을 받는 사람은 상대에 대한 정보가 부족하여 자신의 능력으로 도전을 준비하게 됩니다.

계란이 스스로 알을 깨면 한 마리의 병아리가 되지만 남이 깨주면 에그 프라이가 됩니다. 도전하고 또 도전하십시오. 우리 인생은 언제나 스스로 부딪혀 경험하고 도전하는 사람에게 더 큰 영광을 안겨줍니다.

*당신은 어떤 도전을 준비하고 있는가?
*도전을 통하여 얻을 수 있는 것은 무엇일까?

인생은 언제나 스스로 부딪혀
경험하고 도전하는 사람에게
더 큰 영광을 안겨준다

-J.허슬러

☎ 1566-6043 www.e-poster.co.kr

실패를 경험한 사람이 성공의 문도 열 수 있다

성공의 문을 열 수 있는 사람은 수많은 실패를 경험한 사람입니다. 실패하지 않고 성공한 사람은 실패에 대한 경험이 없기 때문에 작은 위기에도 흔들리게 마련입니다. 실패는 여러분을 성공으로 이끌 수 있는 보증수표이며 실패를 두려워하는 사람은 성공의 보증수표를 버리는 것과 같습니다.

지금 도전하십시오. 도전을 두려워하지 마십시오. 성공의 문이 가까워지고 있습니다.

*지금 도전을 망설이고 있지는 않은가?
*지금 실패를 두려워하고 있지는 않은가?

Simply, Easily & Completely!
2014년 8월 4일(월)~8월 10일(일)

한 번도 실패하지 않았다는 건
새로운 일을 전혀 시도하고 있지 않다는 신호다

성공의
문
실 패
실 패
실 패
실 패
실 패
실 패
실 패
실 패
실 패

☎ 1566-6043 www.e-poster.co.kr

열정이 없는 삶은 영혼을 주름지게 한다

인간이 일생을 통하여 겪어야 하는 네 가지 고통, 즉 태어나고, 늙고, 병들고, 죽는 고통을 생로병사(生老病死)라 합니다. 흐르는 세월은 인간을 주름지게 할 수 있지만, 열정이 없는 삶은 영혼을 주름지게 합니다.

2차 세계대전의 영웅 맥아더가 인천상륙작전을 성공으로 이끈 나이가 70세라고 합니다. 비록 그의 피부는 주름져 있었지만 열정이 있었기에 인천상륙작전을 성공으로 이끌 수 있었다고 생각합니다. 열정이 있는 삶, 그것은 여러분의 인생을 성공으로 이끌 것입니다.

*나이와 열정은 어떤 상관관계가 있을까?

*나는 꿈을 위하여 어떤 열정을 가지고 있는가?

세월은 피부를 주름지게 하지만,

열정이 없으면 영혼을 주름지게 한다.

-더글러스 맥아더

☎ 1566-6043 www.e-poster.co.k

준비와 계획이 있어야 열매도 풍성하다

당신은 성공한 미래를 위하여 어떤 준비를 하고 있습니까? 미래는 특별한 준비 없이도 저절로 다가오지만 성공한 미래는 결코 저절로 다가오지 않습니다. 철저한 미래 준비와 계획이 있어야 성공의 결실을 낚을 수 있다는 것입니다.

여러분! 이 시간 당신이 흘리는 땀과 노력의 결과는 반드시 여러분이 보상받을 수 있습니다. 그날을 위하여 오늘도 더 힘차게 파이팅^^

*내가 꿈꾸는 미래는 어떤 모습인가?
*나는 성공한 미래를 위하여 어떻게 준비하고 있는가?

가장 고통스러운 실패는 최선을 다하지 못했을 때

성공과 실패를 경험한 사람이라면 실패의 경험이 얼마나 고통스러운지 알고 있습니다. 그러나 이보다는 자신이 최선을 다하지 못했음을 깨달을 때 몇 배 더 고통스럽다고 합니다. 최선이란 내가 생각하는 범위에서 최선을 다하는 것이 아니라 그것을 넘어서서 최선을 다하는 것이 진정 최선을 다하는 것입니다.

*최선을 다하고 있다는 것을 어떻게 이야기할 수 있을까?

*그렇게 최선을 다하면 꼭 성공할 수 있을까?

실패는 고통스럽다
그러나 최선을 다하지 못 했음을 깨닫는 것은
몇 배 더 고통스럽다

-앤드류 매튜스

☎ 1566-6043 www.e-poster.co.kr

진정한 기적은 멈추지 않고 도전할 때 나타난다

2015년 을미년(乙未年), 새로운 한 해가 시작되었습니다. 우리 함께 새로운 기적을 만들기 위하여 한 마음으로 다시 시작할 때입니다. 지치면 함께 할 수 있는 동료가 있고, 어려울 때 힘을 줄 수 있는 선배가 있고, 아플 때 마음을 위로할 수 있는 가족이 있는 한 우리는 어떤 어려움도 이겨낼 수 있습니다.

다시 시작합시다. 새로운 역사를 위하여. 진정한 기적은 멈추지 않는 것입니다.

*개인과 조직의 새해 목표는 설정되었는가?
*새로운 도전을 위하여 필요한 역량은 어떤 것인가?

긍정 마인드, 성공의 열쇠

사람들이 어떤 일을 시작할 때 가장 먼저 하는 행위가 그 일이 얼마나 어려운지를 다른 사람들에게 이야기하는 것이라고 합니다. 되는 방법을 찾기보다 실패할 것에 대비하여 안 되는 '이유'를 찾는 것이죠.

이런 '이유'로는 세상에 할 수 있는 일이 아무 것도 없습니다. 세상을 밝게 보고 긍정적인 마인드로 성공의 열쇠를 찾는 자만이 일을 성공으로 이끌 수 있습니다. 세상에는 변명할 것이 너무나 많습니다.

이유를 찾아서 실패를 준비하시겠습니까? 아니면 성공을 위하여 일에 대한 방법을 찾으시겠습니까?

*실패에 대한 가장 큰 이유는 무엇이라고 생각하는가?

*현재 진행 중인 일을 성공으로 이끄는 방법은 무엇인가?

Simply, Easily & Completely!
2015년 2월 9일(월)~2월 15일(일)

안 되는 이유보다
되게 하는 방법을 찾아라

1566-6043 www.e-poster.co.kr

승리는 끈기 있는 사람의 몫

'쉽게 단념하지 아니하고 끈질기게 견디어 나가는 기운'을 끈기라고 합니다. 그러면 끈기의 반대말은 무엇일까요? 흔히들 포기라고 합니다. 그러나 저는 포기보다는 도전하지 않는 것이라고 이야기하고 싶습니다. 일단 도전이 시작되어야 끈기든 포기든 결과물이 나올 수 있으니까요. 새로운 것을 시작하고 또 도전하고 그리고 끈기 있게 밀어붙일 때 비로소 승리할 수 있습니다.

혹시 패배와 좌절, 무능과 아이디어 부족으로 중도에 포기하는 일은 없으신가요? 승리는 가장 끈기 있는 사람에게 돌아갑니다.

*계획한 일이 효과적으로 실행되고 있는지 확인하세요.

*포기한 일이 있다면 지금 다시 시작하세요.

최고가 되는 가장 확실한 방법

여러분은 현재의 위치에서 최선을 다하고 있습니까? 한 번은 신입 사원에 대한 특강의 기회가 있었습니다. 그들에게 "직장생활을 한다는 생각보다는 내 회사에서 사업을 한다는 마음으로 회사를 다녀라."라는 이야기를 해 주었습니다.

내 회사라고 생각하면 내가 사장이 되는 것입니다. 그러면 자기 회사를 키우기 위해 최선을 다할 것이고 그렇게 일하는 사람은 결국 성공할 수밖에 없을 것입니다. 최선을 다하면 최고가 될 수 있습니다.

*여러분은 현재의 위치에서 최선을 다하고 있는가?
*여러분의 직장을 자신의 사업체라고 생각하는가?

강한 정신력과 자신감이 세상을 바꾼다

평소 어떤 말을 자주 하십니까? 할 수 없어, 그건 안 돼, 너무 위험해…이런 말들은 하지 않겠다는 의미와 똑같습니다. 세상에는 쉽고 편한 일만 있는 것이 아닙니다. 특히 새로운 일을 할 때는 더욱 그렇습니다. 세상이 이렇게 발전할 수 있었던 것은 실천하기 어려운 일을 누군가가 실행했기 때문입니다. 지금 우리에게는 두려움을 극복하는 강한 정신력과 자신감이 필요할 때입니다.

*지금 실행하지 못하고 망설이는 일이 있는가?
*실행하지 못하는 데는 어떤 이유가 있는가?

'할 수 없어' 라는 말은
'하지 않겠다' 와 같은 의미입니다!

세상과 경쟁하는 가장 빠른 방법

우리는 어떤 도전을 위하여 늘 경쟁자를 정하고 있습니다. 그 경쟁자보다 앞서면 도전에서 성공한 사람으로 생각하지만, 나보다 앞서는 경쟁자는 늘 나오게 마련입니다. 그때마다 새롭게 경쟁한다면 경쟁 과정에서 쉽게 지칠 수 있으며 나보다 월등한 경쟁자를 만나면 먼저 포기할 수도 있습니다. 세상에 가장 두려운 경쟁자는 바로 자기 자신입니다. 남들보다 더 잘하려고 고민하지 말고 자신의 위치와 목표를 정하고 한 발 한 발 경쟁하십시오. 그것이 세상과 경쟁하는 가장 빠른 길입니다.

*나는 지금 누구와 경쟁하고 있는가?

*나 자신과의 경쟁에서 승리할 수 있을까?

남들보다 더 잘하려고 고민하지 마라.
지금의 나보다 잘하려고 애쓰는 게
더 중요하다.

—윌리엄 포크너

☎ 1566-6043 www.e-poster.co.kr

하고 싶은 일에는 방법이 보이고,
하기 싫은 일에는 변명이 보인다

"무엇인가 하고 싶은 일에는 방법을 찾지만 하기 싫은 일에는 핑계를 찾는다."는 필리핀 속담이 있습니다.

직장 안에서 좋은 성과를 기대하는 것에 대해서는 강한 집념과 욕심을 가집니다. 실패할 수 있는 가능성이 있다든지 조직의 성과에 크게 기여하지 못하는 일이라 판단할 때는 어떻게든 핑계를 찾는 경우가 있습니다. 그러나 그 누군가는 보이지 않는 곳에서도 조직 전체의 성과를 위하여 방법을 찾아가고 있다는 것을 잊지 말아야 합니다.

여러분은 방법과 변명 중 어떤 것을 찾겠습니까?

*정말 하고 싶은 일은 어떤 일인가?
*내가 하기 싫은 일이 조직에서는 필요한 일인가?

신념과 용기가 성공을 부른다

당신은 용기 있는 사람입니까? 어떤 일을 할 때 특별히 어려움이 없는데도 불구하고 도전하기를 꺼려하는 경우가 있습니다. 자신의 위치에서 분명히 용기 있는 결심을 해야 함에도 남의 눈치를 보거나 지나치게 몸을 사리는 경우가 있는데 이는 신념과 용기가 부족하기 때문입니다. 다소 어려움이 있다고 할지라도 강한 신념과 용기가 있다면 아무리 어렵고 힘든 일이라도 능히 이겨낼 수 있을 것입니다.

정치와 경제 모든 부분에서 힘들고 어렵다고 하는 지금, 더 큰 용기와 자신감이 필요할 때입니다.

*지금 망설이고 있는 일은 어떤 것인가요?

*용기 있는 결정을 위해 극복해야 할 것은 무엇인가?

날개 없는 인간의 비상(飛翔)

    하늘을 자유롭게 나는 독수리는 시속 120~200km로 날 수 있다고 합니다. 그러나 인간은 날개가 없어 독수리처럼 하늘을 날 수가 없습니다. 정말 인간은 하늘을 날 수 없을까요?

    인간에게는 독수리가 가지지 못한 열정이 있습니다. 1903년 라이트 형제는 인류 최초로 유인 비행에 성공하였고 불과 100년이 지나 마하 3을 능가하는 비행기(SR-71/블랙버드)를 만들었으니 그것은 날개 없는 인간이 가지고 있는 열정과 전진의 결과물이었습니다. 날개 없는 인간이 할 수 있는 가장 큰 비상은 '전진'입니다.

*여러분의 열정을 사용할 수 있는 곳은 어디인가?

*또 다른 전진을 위하여 어떤 노력을 하고 있는가?

패자의 특권, 도전(挑戰)

 힘들고 지칠 때 당신은 무엇을 생각합니까? 도전에서 패배하였을 때 어떤 심정입니까? 더 이상 지치고 힘들어 일어설 수 없다 싶을 때는 그냥 포기하십니까? 그래서 영원한 패자로 인생을 마치시렵니까? 승자는 패배의 시련을 느끼고 맛본 사람입니다. 승리를 향한 끝없는 도전, 그것은 패자만이 가질 수 있는 특권입니다. 다시 도전하십시오. 승자는 다시 한 번 더 시도해 본 패자입니다.

*패자라고 자인하며 주저앉아 있을 것인가?
*나는 지금 어떤 도전을 준비하고 있는가?

위대한 도전자는 어떤 사람인가?

도전을 시작할 때 가장 먼저 고민하는 것은 실패했을 때 주변 사람들의 시선입니다. 따라서 그 일이 얼마나 힘든 일인지 주변 사람들부터 설득시키려고 합니다. 나중에 실패했을 때를 대비하는 셈이지요.

그러나 위대한 도전자들의 공통점은 실패를 두려워하지 않는 강한 용기에서 찾을 수 있습니다. 위대한 도전자는 성공할 확률을 판단하지 않고 강한 용기로 새로운 도전을 선택합니다. 또 위대한 도전자는 어제 실패했더라도 내일 또 다시 도전합니다. 그리고 마침내 위대한 승리자가 될 것입니다.

*여러분은 실패를 두려워하지 않는 강한 용기의 소유자인가?

*성공하기보다 실패할 확률이 크다면 어떻게 하겠는가?

위대한 도전자들은 용감한 것이 아니라
단지 용기를 선택했을 뿐이다.

-하워드 스티븐슨

☎ 1566-6043 www.e-poster.co.kr

실패는 현명한 스승이다

온실 속에 있는 화초는 한 번도 폭풍우나 거친 바람을 만나지 못했습니다. 그러다 보니 세상 밖으로 나오자말자 화초는 곧바로 말라 버리거나 시들어 버리기 일쑤입니다. 실패를 한 번도 경험하지 못한 사람은 거친 바람과 폭풍우를 한 번도 만나지 못한 온실 속의 화초와 같습니다. 그들에게 새로운 시도는 위험 그 자체입니다.

새로운 시도는 우리에게 실패를 안겨줄 수 있지만 또 다른 도전의 기회를 주는 매우 현명한 스승입니다.

*살면서 실패의 아픔을 겪은 적이 있는가?

*여러분은 지금 어떤 도전을 시도하고 있는가?

START!
한 번도 실패하지 않았다는 것은
새로운 일을 전혀
시도하고 있지 않다는 것이다.
쯧쯧… 또
넘어졌어?
FINISH
25
48

성공은 새롭게 도전하는 사람에게만 기회를 준다

성공한 사람들의 공통점은 실패에 굴하지 않고 새롭게 도전하였다는 것입니다. 인생을 살면서 어찌 성공만 기대할 수 있을까요? 수많은 실패의 경험 속에서 새롭게 도전하는 사람과 실패를 패배로 생각하고 도전하지 않는 사람 중 누구에게 희망이 있다고 생각하십니까?

실패했다면 새로운 도전의 기회를 얻은 것입니다. 이렇게 소중한 기회를 얻지 못하는 사람도 있습니다. 그들에게 가장 무서운 것은 실패가 아니라 도전인 것입니다.

*지금까지 어떤 실패를 경험해 보았는가?

*실패를 통하여 얻은 것은 무엇인가?

기적의 원동력, '나는 할 수 있다!'

리우올림픽 펜싱 에페에서 헝가리 선수와 함께 결선을 진행하며 14:10의 점수에서도 '할 수 있다!'는 자신의 주문으로 역전 드라마를 선사해준 박상영 선수. 리우올림픽 최고의 명승부이자 우리 국민에게 가슴 뭉클한 감동을 안겨주었습니다. 그는 한 인터뷰에서 포기할까 생각도 했지만, "그동안 상대방보다 땀을 많이 흘렸는데 질 수 없었다."라는 열정과 승부욕이 기적을 만들어낸 원동력이 아닌가 생각합니다. 살아가면서 도전하기보다는 포기하고 싶을 때가 더 많습니다. 그러나 자신을 믿고 '나는 할 수 있다.' 그리고 '잘 될 것이다.'라는 용기만 있다면 어떤 위기와 어려움에서도 승리할 수 있습니다.

*자기 최면을 위한 나만의 주문이 있는가?
*지금 포기하고 싶은 일이 있다면 주문을 외워보자!

용기를 잃는 순간에 떠올릴 수 있는
나만의 문구를 만들어 외워보자.

'나는 강하다.'
'나는 할 수 있다.'
'나는 잘 될 것이다.'

	결승		
	2:18		
HUN G. IMRE	14	3/3	10	PARK S. KOR

성공과 실패의 갈림길은 어떻게 실행하느냐다

오늘 어떤 일을 하고 있습니까? 어제 하던 일의 연장선에서 똑같은 일을 반복하고 있지는 않습니까? 새로움이 없이 매일매일 반복되는 일로 살아간다면 머지않아 사는 대로 생각하게 될 것입니다. 내일 해야 할 일을 정하고 우선순위를 결정하십시오. 그리고 용기를 내어 실행하십시오. 성공과 실패를 가르는 기준은 내가 어떤 용기를 가지느냐보다는 어떻게 실행하느냐가 더 중요합니다.

*매일매일 업무에 대한 계획을 수립하고 있는가?

*나는 계획된 일을 얼마나 실천하고 있는가?

성공은 도전하는 자에게만 기회를 준다

여러분이 설정한 목표 어떻게 실행하고 있습니까? 성공은 결코 기다리는 자에게 기회를 주지 않습니다. 한 걸음 한 걸음 정상을 향하여 도전하는 사람이 성공의 결실을 얻을 수 있습니다. 도전없는 성공은 없고 변화없는 미래는 없기 때문입니다.

*여러분의 미래는 어떤 모습일까?

*미래를 위하여 무엇을 준비하고 있는가?

Simply, Easily & Completely!
2017년 2월 6일(월)~2월 12일(일)

도전없는 성공은 없고
변화없는 미래는 없다!

☎ 1566-6043 www.e-poster.co.kr

인생을 가치 있게 만드는 방법, 신념과 열정

일에 흥미를 갖지 못하고 무미건조하게 인생을 허비하는 까닭은 삶 자체에 대한 신념과 열정이 부족하기 때문입니다. 삶에 목표와 가치를 부여하고 이를 달성하기 위한 신념과 강한 열정이 있다면 삶 자체가 행복해질 것입니다. 내 인생을 가치 있게 만드는 방법이 뭘까요?

먼저 자신을 사랑하고 굳게 믿는 마음이 있어야 목표를 향해 열정을 불태울 수 있을 것입니다.

*나는 삶을 가치 있게 만들 수 있는 신념이 있는가?
*나는 인생의 목표를 위해 열정을 불태울 수 있는가?

인내의 땀 한 방울이 기적을 만든다

Impossible(불가능), I'm possible(나는 가능하다). 진정한 기적은 멈추지 않는 것입니다. 불가능하다고 판단하고 도중에 포기한다면 결코 성공할 수 없습니다. 마음속의 강한 신념과 함께 불가능(Impossible)을 가능(I'm possible)으로 이끌 수 있는 것은 바로 '인내(忍耐)'의 땀 한 방울입니다. 포기하지 않는 인내, 그것은 불가능을 가능하게 만드는 원동력입니다.

*불가능과 가능의 차이는 얼마나 될까?
*여러분은 인내의 땀 한 방울을 흘릴 준비가 되었는가?

당신의 땀 한 방울이
불가능을 가능하게 합니다

IMPOSSIBLE
불가능
▼
I'M POSSIBLE
나는 가능하다

☎ 1566-6043 www.e-poster.co.kr

변명은 달지만 미래가 없고,
도전은 쓰지만 희망이 기다린다

변명은 자기합리화를 위해 핑계거리를 만드는 것입니다. 우리는 최선을 다해 도전한다고 하지만 실패할 때를 대비해서 늘 변명거리를 준비하고 있습니다.

변명은 자신의 한계며 이러한 마음으로는 도전에 성공할 수 없습니다.

성공한 사람의 공통점은 변명보다는 방법을 찾아 끝없이 도전합니다. 변명은 달지만 미래가 없고 도전은 쓰지만 희망이 있습니다.

자신의 한계를 넘어 끝없이 도전하세요.

*지금 하는 일에 변명거리를 만들고 있지는 않는가?
*도전하는 사람과 변명하는 사람의 차이를 아는가?

변명은 자신의 한계다.
끝없이 도전하라!

☎ 1566-6043 www.e-poster.co.kr

재능보다 결심의 부족으로 실패한다

유명한 야구선수에서 복음 전도사로 변신한 빌리 선데이는 "많은 사람들이 재능의 부족보다 결심의 부족으로 실패한다."라고 하였습니다. 불확실한 경영 환경에서 현재의 재능은 오래갈 수 없지만 결심은 영원합니다. 비록 시작은 늦었지만 현재 하고 있는 일에 대하여 강한 신념을 가지고 끝까지 최선을 다할 때 성공의 결승점은 가까워질 것입니다.

*여러분은 어떤 재능이 있는가?

*여러분의 재능을 어떻게 활용하고 있는가?

많은 사람들이 재능의 부족보다
결심의 부족으로 실패한다 -빌리선데이

☎ 1566-6043 www.e-poster.co.kr

넘어진 사람이 패자가 아니라
주저앉는 사람이 패자다

사람이 살면서 어찌 좋은 일만 있을 수 있겠습니까? 살다 보면 힘든 일, 어려운 일이 언제든지 찾아올 수 있습니다. YG 양현석 사장은 K팝스타 심사위원으로 나와서 "넘어진 사람이 패자가 아니라 주저앉는 사람이 패자다."라는 말을 남겼습니다. 그렇습니다. 우리에게 패자는 현재의 어려움을 극복하지 못하고 포기하는 사람입니다.

*여러분은 어떤 어려움이 있는가?

*주저앉을 것인가, 다시 도전할 것인가?

넘어진 사람이 패자가 아니라 주저앉는 사람이 패자다.

-YG 양현석

☎ 1566-6043 www.e-poster.co.kr

용기를 잃으면 가장 많이 잃는 것이다

물질 만능주의가 팽배한 현대사회에서 재산을 잃고 인생을 포기하는 사람을 보곤 합니다. 그들은 재산이 인생의 목적이며 또한 목표였던 것입니다.

'지혜의 왕자'로 불리던 돈키호테의 저자 세르반데스는 재산보다 친구를 잃는 것이 더 많이 잃은 것이고, 용기를 잃는 사람은 모든 것을 잃은 것이라 했습니다.

우리는 어떠한 혼란과 위기에서도 용기를 잃지 말아야 합니다. 강한 용기란 위기와 두려움 앞에서 새로운 도전을 가능하게 하는 열매이기 때문입니다. 만약 여러분에게 진정한 용기가 있다면 재산과 친구는 부족함이 없을 것입니다.

*재산을 잃고 실망한 적이 있었는가?
*오늘은 새로운 자신감과 용기를 가지고 파이팅 하는 날!

진정한 도전, 새로운 도전(challenge)이란?

사람은 늘 편한 것만을 찾게 마련입니다. 생소한 길, 첫 만남, 첫 직장 등 새로운 것에 대한 두려움은 누구에게나 마찬가지입니다. 그러나 처음이라고 해서 두려운 것만은 아닙니다. 첫사랑, 첫눈, 첫 키스 등은 처음이지만 두려움보다는 가슴 설렘이 더 큰 것 같습니다. 인생에 있어 새롭게 도전한다는 것은 어떤 의미일까요?

익숙하고 편한 길을 찾는 것이 아니라 불편하고 두려운 것을 익숙하게 바꾸는 것, 이것이야말로 진정한 도전이 아닐까요?

*여러분은 어떤 도전을 준비하고 있는가?

*지금 당장 해야 할 것은 무엇인가?

도전!

익숙하지
않은 것부터...

☎ 1566-6043 www.e-poster.co.kr

어떤 수준을 최선이라고 하는가?

누구나 어떤 일에건 열정을 가지고 최선을 다해야 한다고 합니다. 아니 최선을 다한 후 적절한 보상을 기대하는 것이 당연합니다. 최선이란 어떤 것일까요? 보통은 내가 판단해서 "이 정도면 최선이야." 하고 생각할 수 있습니다. 일부는 자신의 노력과 어려움을 남에게 과시하고 자신의 약한 모습을 남에게 보여줘서 동정심을 얻기 위하여 최선을 다했다고 이야기하기도 합니다. 그러나 과연 그것이 최선일까요? 최선이란 내가 생각하는 범위를 넘어서는 어떤 수준에 이르는 것입니다.

*최선을 다해 일했던 때는 언제인가?

*오늘 나는 최선을 다하고 있는가?

최선을 다한다는 것은
내가 생각하는 범위를 넘어서서
최선을 다하는 것이다.

☎ 1566-6043 www.e-poster.co.kr

변화는 새로운 도전의 기회

불확실성 아래서 새로운 혁신을 준비하는 우리에게 주는 교훈은 '변화(Change)'입니다. 모든 일을 안전하게만 진행하려고 할 경우 새로운 기회를 만들 수 없습니다. 지금까지 하던 일을 새로운 각도에서 다르게 보고 재빠른 실패를 통하여 반복된 두려움을 경험하였을 때 변화는 새로운 기회로 우리 앞에 다가올 것입니다.

항상 같은 방향으로 돛을 올리는 사공은 결코 새로운 목적지에 도달할 수 없습니다. 불확실성의 시대 우리가 바라는 목적지는 눈앞에 보이는 곳이 아니라 저 먼 곳에 감춰져 있으며 항상 움직이고 있다는 것을 잊지 말아야겠습니다.

*오늘도 어제와 똑같은 평범한 일상인가?

*나 자신을 변화시키고 새로움을 찾아볼 수는 없을까?

항상 같은 방향으로
돛을 올리는 사공은
결코 목적지에 도달할 수 없다.

인생의 짐은 무거울수록 좋다

성장이란 끊임없는 성찰과 학습을 통하여 인간이 자기완성에 도달하는 과정입니다. 성장은 현재의 나보다 나은 사람이 되어가는 것이며 반복적인 학습과 도전의 결실이라 할 수 있습니다. 일(Work) 또한 내 삶을 성장시키고 윤택하게 발전시키는 과정입니다.

이러한 일을 두려워하고 피한다면 내 삶을 성장시킬 수 없습니다. 일의 관점이 변환해야 합니다. 일은 나 자신을 성장시키고 발전시키는 발판이라는 의미로 말이죠.

*내게 주어진 일이 가볍다고 생각하지는 않는가?

*내 삶을 발전시키기 위하여 새로운 일을 찾아볼까?

1%의 가능성

러시아 월드컵의 축구 경기에서 1%의 가능성이 현실로 바뀌는 것을 똑똑히 보았습니다. 베팅업체들은 16강 예선전에서 한국이 독일에 2:0으로 이기는 것에 100/1의 배당률을 제시했고, 독일이 7:0으로 이기는 것에 80/1의 배당률을 제시했다고 합니다. 객관적인 전력상 피파랭킹 57위가 1위를 이긴다는 것은 상상할 수 없는 일입니다. 그러나 그날 저녁 러시아에서 울려 퍼진 승리의 함성은 바로 대한민국이었습니다.

분명 세상에는 당연함을 넘어서는 뭔가가 있습니다. 그것은 여러분 속에 숨어 있는 열정이며, 그 열정을 끄집어 낼 수 있는 것이 바로 강한 용기일 것입니다.

*여러분은 통념의 노예인가, 기적의 신봉자인가?

*왜 스포츠 경기를 각본 없는 드라마라고 할까?

제2장

학습과 실행으로
기회를 만들어라

지식의 콩나물은 아침저녁으로 물을 줘야 자란다

콩나물을 키워 보셨습니까? 어릴 때 어머니가 키우는 콩나물을 보며 늘 궁금했습니다. 아침저녁으로 한 바가지씩 시루에 물을 주는데 대부분의 물이 흘러내리는 것을 보고 이상하게 생각했습니다. 그런데 하루, 이틀, 일주일이 지난 후 부쩍 자란 콩나물을 보고 깜짝 놀랄 수밖에 없었습니다. 물은 다 빠져버리는데 어떻게 콩나물이 자랐을까?

지식도 마찬가지입니다. 콩나물을 키우듯이 반복하면 언젠가 부쩍 자라난 지식의 콩나물을 확인할 수 있을 것입니다.

*지식을 키우기 위하여 배움을 선택하고 있는가?

*내 인생에서 배움에 대해 후회하고 있지는 않은가?

Simply, Easily & Completely!
2013년 7월 15일(월)~7월 21일(일)

콩나물을 키우는 것은 1%의 물

콩나물을 키우듯이
계속 물을 주면서
지식을 채워야 한다

☎ 1566-6043 www.e-poster.co.kr

오늘 걷지 않으면 내일은 뛰어야 한다

오늘 걷지 않으면 내일은 뛰어야 할 것입니다. 이는 하루하루 최선을 다하라는 이야기로 오늘 해야 할 일을 내일로 미루면 내일 두 배로 노력해야 한다는 뜻입니다. 오늘이 소중한 이유는 '어제 죽어간 이가 그토록 살고 싶어 하던 내일'이 바로 오늘이기 때문입니다. 오늘 하루 최선을 다한다는 것은 미래에 대한 준비와 각오일 것입니다. 성실한 오늘이 모여야 미래의 성공도 가능할 것이기 때문입니다.

*오늘 하루 최선을 다하고 있는가?
*지금 가장 시급히 해야 할 일은 무엇인가?

오늘 걷지 않으면,
내일은 뛰어야 할 것이다

☎ 1566-6043 www.e-poster.co.kr

방법을 찾는 사람은 핑계거리를 찾지 않는다

　인도 속담에 "무언가 하고 싶은 사람은 방법을 찾고, 아무 것도 하기 싫은 사람은 구실을 찾는다."라는 말이 있습니다. 방법과 구실은 어떠한 차이가 있을까요? 방법은 주어진 목표를 달성하기 위하여 적극적인 본인의 의지가 반영된 실행 가능한 수단이지만 구실은 부정적이고 소극적이며 수동적인 핑계거리를 찾아가는 것입니다.

　긍정적인 시각을 가지고 주어진 역할에 대한 강한 집념과 열정이 있다면 부정적인 구실보다는 방법이 먼저 생각날 것입니다.

*나는 방법과 구실 중 무엇을 먼저 생각하는가?

*하기 싫은 일이 주어졌을 경우 어떻게 할 것인가?

무언가 하고 싶은 사람은
방법을 찾고,
아무것도 하기 싫은 사람은
구실을 찾는다

−인도 속담

☎ 1566-6043 www.e-poster.co.kr

최초의 한 바퀴를 굴려야 결과를 얻을 수 있다

최초의 한 바퀴를 굴리려는 노력이 있어야 위대한 결과를 만들 수 있습니다. 모든 일에는 시작이 있습니다. 때로는 실패에 대한 두려움으로 시작하기를 꺼리는 경우가 있습니다.

그러나 최초의 한 바퀴를 굴리는 노력이 없다면 우리가 바라는 결과도 만들 수 없습니다. 어렵고 힘든 일을 하고 싶은 사람이 있을까요? 그러나 누군가가 해야 한다면 바도 당신이 주인공이 되어야 합니다.

*두려움 때문에 시작하지 못하는 일이 있는가?

*지금 당장 시작해야 할 일은 무엇인가?

최초의 한 바퀴를
굴리려는 노력이
위대한 결과를 만든다!

1566-6043 www.e-poster.co.kr

지금이 아니라면 언제인가?

아무리 훌륭한 전략이라도 실행하지 않으면 성과를 얻을 수 없습니다. 올해도 마지막 한 분기가 남았습니다. 올해 초에 수립한 계획이 올바르게 실행되고 있는지 체크하고 아직 실행에 옮기지 못한 계획에 대해서는 '지금 바로 실행할 때'입니다. 얼마 남지 않은 한 해 풍성한 수확을 기대하며 실행력을 키워가야겠습니다.

*연초에 수립된 계획은 올바르게 실행되고 있는가?

*지금 당장 실행해야 할 일은 무엇인가?

지금이 아니라면 언제인가?

— 탈무드

'나중에 하지 뭐'
이 말은 변명입니다.
지금이 바로
실행할 때입니다.

계획된 미래가 올바른 결과로 나타난다

올바른 결과를 바라는 것은 모든 이들의 바람입니다. 링컨은 "나무를 베는 데 한 시간이 주어진다면, 도끼를 가는 데 45분을 쓰겠다."라고 하였습니다. 이것은 올바른 결과를 만들기 위하여 준비하는 과정이 얼마나 중요한지 단적으로 보여주는 말입니다. 과정이 올바르면 결과 또한 바람직한 방향으로 이끌기 때문입니다. 지금 뭔가 계획하고 있다면 계획이 철저한지 다시 한 번 생각해야 할 때입니다.

*지금 진행하고 있는 계획은 철저하게 준비되고 있는가?
*올바른 결과를 얻기 위하여 준비해야 할 사항은 무엇인가?

Simply, Easily & Completely!
2013년 11월 18일(월)~11월 24일(일)

나무를 베는데 한 시간이 주어진다면, 도끼를 가는데 45분을 쓰겠다

-링컨

새로운 시작, 버릴 것부터 찾아라

며칠 후면 2014년 갑오년 새해가 시작된 지 벌써 한 달이 지나갑니다. 올해 여러분은 어떤 목표를 설정하셨나요. 올해는 반드시 술을 줄여야지, 담배를 끊어야지, 다이어트를 해야지… 하며 새로운 다짐을 하지 않았습니까? 어쩌면 작년에도, 그리고 그 이전에도 해마다 동일한 목표를 설정하고 실행과 포기의 갈림길에서 고민했던 것 같습니다.

그러나 올해는 새로운 목표를 설정하는 것도 좋겠지만, 그동안 불필요했던 것들에 대한 목록을 작성하고 버리기를 실천해 보는 것은 어떨까요?

삶의 목표를 위하여 새로운 것을 채우는 것도 필요하지만 적절히 포기하고 버릴 수 있다면 언젠가 새로운 것이 채워질 수 있습니다. 그리고 실천하십시오. 계획이 3이면 실천이 7이란 말처럼 실천에 집중한다면 내년에 또 올해 목표를 설정하는 일은 없을 것입니다.

*새해에 버리고 그만두어야 할 목록은 어떤 것들인가?
*새해에 꼭 실천하고 실행해야 할 목록은 어떤 것들인가?

Simply, Easily & Completely!
2014년 1월 20일(월)~1월 26일(일)

그만둘 것들의
목록을 작성하고
실천하라!

☎ 1566-6043 www.e-poster.co.kr

우선순위를 정하여 바로바로 처리하는 습관

조직 내에서 일을 하다 보면 즉시 처리할 수 있는 일임에도 납기만 맞추면 된다는 생각으로 일의 속도를 지연시키거나 이유 없이 천천히 하는 경우가 있습니다. 이럴 경우 납기는 준수할 수 있을지 몰라도 일에 대한 효율은 상당히 떨어지게 마련입니다. 왜냐하면 누군가는 나로 인해 대기하고 기다리는 사람이 있기 때문입니다.

조직 내에서는 수많은 일이 발생할 수 있습니다. 해야 할 일을 나열하고 우선순위를 정하여 바로바로 처리하는 습관을 통하여 일에 대한 효율성과 기다리는 시간의 낭비를 줄일 수 있도록 해야 합니다.

*해야 할 일인데도 납기에 여유가 있어 대기 중인 업무는 없는가?

*해야 할 일을 나열하여 우선순위를 정하고 있는가?

Simply, Easily & Completely!
2015년 3월 2일(월)~3월 8일(일)

기다리는 시간은 낭비

☎ 1566-6043 www.e-poster.co.kr

승자의 시간관리

　모든 사람에게 똑같이 주어지는 24시간, 승자와 패자의 시간 관리에는 어떤 차이가 있을까요? 승자는 미래를 계획하고 일과 시간을 분배하지만, 패자는 늘 시간에 끌려 다니며 살아갑니다. 여러분의 24시간은 어떻게 관리되고 있습니까?

　자, 다음과 같이 시작해 보십시오. 먼저 해야 할 일을 나열하고 우선순위를 정하십시오. 그리고 그 일이 처리되었는지 하나하나 체크하고 기록하십시오. 어느덧 당신은 시간을 관리하는 승자가 되어 있을 것입니다.

*지금 하고 있는 일은 계획(우선순위)에 들어 있었던 일인가?

*일을 관리하기 위한 도구로는 어떤 것을 사용하고 있는가?

승자는 시간을 관리하며 살고,

패자는 시간에 끌려 산다.

-J.하비스

꿈을 가슴에 묻어두면 꿈일 뿐이지만,
바로 실행하면 현실이 된다

"1979년 하버드 대학교 경영대학원 졸업생을 대상으로 '장래 목표와 성취할 계획이 있는가?'라는 설문을 하였습니다. 이 질문에 3%의 졸업생은 목표와 계획을 기록해 두었다고 응답했고, 13%는 목표는 있으나 종이에 기록하지는 않았다고 했으며 84%는 아무런 계획이 없다고 대답했습니다.

그 후 10년이 지나 그때 답변한 졸업생을 대상으로 다시 한번 조사한 결과 목표와 계획을 기록해 두었던 3%의 졸업생들이 아무런 계획이 없다고 답변한 84%의 졸업생보다 소득이 평균 10배 정도 많았다는 것이죠."-'꿈꾸는 공간'에서 인용

혹시 잠자고 있을지 모르는 여러분의 꿈, 실행하면 현실이 됩니다.

*꿈을 내보이십시오!
*꿈을 현실로 만들기 위해 실행하십시오!

꿈을 가슴에 두면 영원히 꿈이지만
바로 실행하면 그것은 현실이 된다.

첫 걸음은 성공의 약속

"시작이 반"이란 말이 있습니다. 이미 시작했다면 반은 이뤄졌다는 이야기인데, 그만큼 시작하는 것이 어렵다는 이야기일 수 있습니다. 아무리 좋은 계획이라도 시작하지 않는다면 무슨 의미가 있겠습니까. 지금 시작한 여러분의 첫 걸음은 미래를 향한 성공의 약속입니다.

*여러분은 지금 실행이 두려워 고민하고 있는가?

*두려움을 떨치고 지금 당장 시작하라, Right Now!

실행을 주저하면 뒤처질 수밖에 없다

철저한 준비를 위하여 계획에만 몰두하는 사람이 있습니다. 효과적인 실행을 위하여 철저한 준비도 좋겠지만 더 중요한 것은 실행입니다. 당신이 주저하고 있을 때 경쟁자는 이미 실행하고 있기 때문입니다.

스피드가 경쟁인 시대, 철저한 계획도 중요하지만 계획에 이끌려 제 시간에 실행하지 못한다면 경쟁력에서 뒤처질 수밖에 없습니다. 아직도 주저하고 있습니까? 지금 당장 실행하십시오.

*지금 계획하고 있는 일은 무엇인가?
*준비가 되었다면 언제 실행할 것인가?

부지런히 노력하는 사람에게 주어지는 대가

똑같이 주어진 환경과 시간 속에서 경쟁에 승리하는 사람과 뒤처지는 사람이 있습니다. 승리하는 사람은 뒤처지는 사람에 비해 뭔가는 다른 점이 있었을 것입니다. 처음부터 재능이 있었든지 아니면 그에 비해 특별한 노력을 기울였든지 말이죠. 결국 우리에게 필요한 가장 확실한 것은 끊임없는 노력입니다.

부지런히 노력하는 사람이 결국 많은 대가를 얻는 것은 너무나 당연합니다. 이렇게 당연한 세상 이치에 여러분을 던지십시오. 그래서 부지런히 노력하십시오. 여러분은 더 많은 대가를 얻을 것입니다. 이번 한 주도 끝없는 경쟁 속에서 파이팅 하세요!

*나는 경쟁 상대보다 어떤 노력을 더하고 있는가?
*승리(목표 달성)를 위해 당장 시작할 것은 무엇인가?

Simply, Easily & Completely!
2015년 10월 12일(월)~10월 18일(일)
부지런히 노력하는 사람이
결국 많은 대가를 얻는다
-알렉산드리아 피네
☎ 1566-6043 www.e-poster.co.kr

승자는 시간을 관리하며 살고,
패자는 시간에 끌려다니며 산다

　모든 사람에게 가장 공평하게 주어지는 것이 시간입니다. 그러나 사용하는 사람에 따라 가치는 달라집니다. 시간을 효과적으로 사용하는 사람이 있는가 하면 소중한 시간을 의미 없이 허비하는 사람도 있습니다. 시간을 효과적으로 사용하는 사람은 일에 대한 우선순위를 정하고 해야 할 일과 버려야 할 일을 구분하며, 일과 휴식을 적절한 비율로 나눌 수 있는 사람입니다. 시간을 효과적으로 사용하지 못하는 사람은 늘 일에만 이끌려 휴식과 여유를 찾지 못하는 사람입니다. 누구에게나 공평하게 주어지는 시간, 여러분은 어떻게 사용하고 있습니까?

*일과 휴식의 비율은 적절한가?
*버려야 할 일과 해야 할 일을 구분하고 있는가?

가장 바쁜 사람이
가장 많은 시간을 갖는다

– 알렉산드리아 피네

24

24

☎ 1566-6043 www.e-poster.co.kr

나태함, 그 순간은 달콤하나 결과는 비참하다

서 있으면 앉고 싶고, 앉으면 눕고 싶고, 누우면 자고 싶다는 말이 있
듯이 편하게 살고 싶은 것은 누구나 똑같습니다. 그러나 나태함과 게으
름의 결과는 비참할 수밖에 없습니다. 나태함은 인생을 파괴하는 마약
과도 같습니다. 그렇다면 나태함과 게으름을 성실함으로 바꾸기 위해
어떻게 해야 할까요?

첫째, 단기적인 목표를 설정하세요.

둘째, 일정이 포함된 목표달성 계획을 수립하세요.

셋째, 계획을 실행하고 주기적으로 모니터링하세요.

게으름을 성실함으로 바꾸어야 하는 이유는 바로 내 인생이기 때문
입니다.

*나는 지금 어떤 모습으로 살아가고 있는가?

*나태함과 게으름을 성실함으로 바꾸기 위해 해야 할 일은?

Simply, Easily & Completely!
2016년 2월 22일(월)~2월 28일(일)

나태함...
그 순간은 달콤하나
결과는 비참하다.

☎ 1566-6043 www.e-poster.co.kr

패배의 가능성을 줄이는 방법

당신은 무한경쟁 시대에 어떻게 대응하고 있습니까? 누구나 현재의 모습에서 최선을 다하겠죠. 우리는 이렇게 최선을 다하는 사람들 속에서 오늘도 경쟁하고 있습니다.

그러나 이러한 경쟁의 대열에 참여하지 않고 순간의 편안함을 먼저 생각한다면 당신은 이미 경쟁에 진 것이나 다름이 없습니다. 시시각각 변해가는 생존경쟁의 흐름 속에서 명확한 목표와 방향을 설정하고 최선을 다할 때 패배의 가능성은 줄어들 것입니다.

*무한경쟁 시대에 어떤 모습으로 살아가고 있는가?

*경쟁에서 이기기 위한 가장 큰 역량은 무엇인가?

백 번 계획보다 한 번의 실행

치밀하게 계획을 수립하는 사람과 다소 부족하지만 실행을 우선하는 사람 중 어떤 사람의 성공 확률이 높다고 생각하십니까? 한 번이라도 실행을 한 사람의 성공 확률이 높지 않을까요? 물론 치밀한 계획을 바탕으로 실행한다면 더없이 좋을 수 있습니다.

그러나 급변하는 시장경제에서 우리가 계획을 수립하고 있는 동안 경쟁자는 이미 실행하고 있을 것입니다. 비록 "잘못된 전략이라 할지라도 올바로 실행하면 성공할 수 있다."는 말과 같이 실행에 집중해야 합니다. 경쟁자는 우리를 기다려주지 않기 때문입니다. 경쟁자는 우리가 실행하는 것보다 전략 수립에 매달리는 것을 더 좋아합니다.

*아직도 실행하지 못하고 머뭇거리는 일이 있는가?
*그 일에 대해 경쟁자는 어떻게 하고 있는지 고민해 보았는가?

당신이
계획하고
있을 때

경쟁사는
실행하고
있습니다.

☎ 1566-6043　www.e-poster.co.kr

즐겁게 일하는 것이 성공의 지름길

"성공이란 오늘 할 일이 너무 좋아 그 일을 하러 문을 박차고 나가는 것"이라고 합니다. 그들은 일 자체를 즐거워하며 충분한 준비와 강한 자신감이 있기에 성공을 확신하고 일을 마무리합니다.

일이 힘들고 충분한 준비 없이 두려움으로 시작하는 사람에게 성공을 기대할 수 있을까요? 즐길 수 있는 일을 찾는 것이 가장 중요합니다. 그들의 공통된 특징은 즐겁게 일했더니 성과와 보상이 저절로 찾아오더라는 것입니다. 새로 시작하는 월요일입니다. 즐거운 일을 위하여 문을 박차고 나가세요.

*여러분이 가장 즐거워하는 일은 무엇인가?

*지금 하고 있는 일에 대하여 성공을 확신하고 있는가?

Simply, Easily & Completely!
2016년 5월 30일(월)~6월 5일(일)

성공이란 오늘 할 일이 너무 좋아
그 일을 하러 문을 박차고 나가는 것!

☎ 1566-6043 www.e-poster.co.kr

승자와 패자는 시간관념이 다르다

　온종일 바삐 움직이며 열심히 일하고 있어도 결과가 없는 사람과 일에 대한 우선순위를 정하여 계획적으로 일하는 사람 간에는 분명한 차이점이 있습니다. 그것은 시간 관리입니다. 우선순위를 정하여 계획적으로 일하는 사람은 일에 대한 시급성과 중요도를 파악하고 있지만, 시간관념이 없는 사람에게는 일상이 바쁜 것으로 결론이 납니다. 더 중요한 사실은 시간이 지난 후 그들은 승자와 패자로 갈린다는 것입니다.

*여러분은 일의 시급성과 중요도를 파악하고 있는가?

*지금 하고 있는 일이 이 시간에 해야 할 일인가?

승자는 시간을 관리하며 살고, 패자는 시간에 끌려 산다.

-J.하비스

목적을 세우고 개선의 대상을 찾아라

하루 일과를 어떻게 보내고 있습니까? 회사의 비전과 전략에 부합하는 일, 업무분장 또는 절차에 따라 당연히 해야 하는 일……물론 모두가 중요한 일이겠지만 일에 대한 결과(Output)보다는 목적이 분명한 성과(Outcome) 중심의 일을 해야겠습니다. 목적이 명확한 일은 결과 또한 회사가 원하는 방향으로 이끌 수 있습니다. 지금 실행하고 있는 일의 성과나 실행 목적이 불분명한 일이라면 개선의 대상입니다.

*지금 하고 있는 일은 목적이 명확한가?

*불필요한 일, 무리한 일, 해도 그만 안 해도 그만인 일은 없는가?

개선의 대상

우리는 안해도 되는 일을 얼마나 하고 있을까?

불 필요한 일, 무리한 일, 해도 그만, 안해도 그만인 일,
즉, 목적이 불 명확한 일은 개선의 대상이다.

☎ 1566-6043 www.e-poster.co.kr

기회가 오면 바로바로 실행

기회가 왔다면 주저하지 말고 실행해야 합니다. 생각만 하고 돌다리만 두드리기에는 경영 환경이 너무 빨리 변화하고 있습니다. 바로 지금 내가 가진 모든 열정과 자신감 그리고 믿음을 가지고 과감하게 실행하십시오. 성공은 생각만으로 얻을 수 없고 반드시 실행이라는 씨앗이 있어야 열매를 맺을 수 있기 때문입니다.

*기회를 찾고도 실행하지 못한 적은 없는가?
*지금 어떤 결정을 했다면 바로바로 실행하자!

Simply, Easily & Completely!
2016년 8월 29일(월)~9월 4일(일)
기회가 왔다면
주저말고 던져라!
던지는 순간
한 칸 이상
전진이다.
☎ 1566-6043 www.e-poster.co.kr

효율과 비효율의 경계

"저 사람은 정말 억세게 일해."라는 말을 하는 경우가 있습니다. 쉽고 간단하게 일할 방법이 있음에도 억세게 땀만 흘린다고 조직의 성과가 나아지는 것은 아닙니다. 효율적인 방법으로 일을 쉽게 마무리할 수 있음에도 자만심과 게으름 그리고 성과에 대한 보상만 생각하는 사람도 있습니다. 조직은 억세게 일만 하고, 게으름과 자만심이 가득 찬 사람을 원하지 않습니다. 조직은 효율적인 방법에 따라 최선을 다하는 사람을 찾고 있습니다.

*여러분은 효율적인 방법으로 최선을 다하고 있는가?

*우리 조직이 바라는 인재상은 어떤 모습일까?

교육은 행동하도록 가르치는 것이다

교육의 목적을 정확히 이해할 필요가 있습니다. 소설가 마크 트웨인은 "교육은 알지 못하는 바를 알도록 가르치는 것이 아니라, 사람이 행동하지 않을 때 행동하도록 가르치는 것이다."라고 했습니다.

SMART 시대의 교육은 지식을 습득하는 것보다 필요성을 인식하고 지식을 찾을 수 있는 방법을 알고 실행할 수 있도록 동기를 부여하는 것입니다. 따라서 조직의 성과는 교육을 통하여 얻는 것이 아니라 실행을 통하여 얻게 되는 것입니다.

*알고 있는 것을 실행하지 못하는 경우는 없는가?

*지금 당장 어떤 것부터 실행할 수 있을까?

교육이란
알지 못하는 바를 알도록 가르치는 것이 아니라,

사람들이
행동하지 않을 때
행동하도록
가르치는 것이다

-마크트웨인

☎ 1566-6043 www.e-poster.co.kr

녹슬지 않는 성공의 열쇠

누구나 성공을 바라고 있지만 모두가 성공한 사람이 될 수는 없습니다. 그러나 분명 성공한 사람이 주변에 있는 것을 보면 그들에게는 뭔가 특별함이 있다는 사실을 알 수 있습니다. 존S. 하인즈가 말하는 성공의 열쇠는 네 가지입니다.

첫째, 아이디어를 연구하라.

둘째, 계획을 세워라.

셋째, 성공을 기대하라.

넷째, 실행에 옮겨라.

여러분은 녹슬지 않는 성공의 열쇠를 가지고 있습니까?

*나에게 있어 성공의 의미는 무엇인가?

*성공을 위한 준비는 어느 정도인가?

성공의 열쇠

아이디어를 연구하라.

계획을 세워라.

성공을 기대하라.

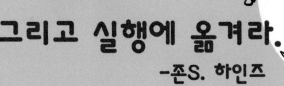

그리고 실행에 옮겨라.
-존S. 하인즈

PDCA 사이클

미국의 통계학자 에드워드 데밍이 주창한 PDCA 사이클은 마법의 관리기법입니다. 세상 모든 일의 결과에서 Plan(계획)-Do(실행)-Check(평가)-Act(개선) 과정을 거치지 않는 것이 무엇이 있겠습니까. 그러나 일에 대한 성과와 결과만 생각하는 사회 풍토에서는 과정의 중요성을 생각하지 않습니다.

륭한 리더가 되려면 PDCA를 활용해야 합니다.

*PDCA 중 어떤 항목이 가장 중요하다고 생각하는가?

*현재 하고 있는 일은 PDCA 중 어떤 단계인가?

리더십은 행동하는 힘에서 나온다
PDCA 사이클을 활용하라

☎ 1566-6043 www.e-poster.co.kr

바닷가에서 바다를 노려보기만 한다고
바다를 건널 수 있을까?

꿈을 꾸면 현실이 될 수 있을까요? 생각만 하면 목표가 달성될 수 있을까요? 우리에게 필요한 것은 실행입니다. 서서 바다를 노려보기만 해서는 바다를 건널 수 없습니다. 지금 여러분이 고민하는 일을 실행에 옮겨 보세요. 결과가 두렵다고요?

그렇다고 계속 노려보시기만 할 겁니까? 여러분이 주저하고 있는 동안 여러분의 경쟁자는 바다를 건너고 있습니다.

*현재 가장 고민되는 일은 무엇인가?
*그 일을 언제 실행에 옮길 것인가?

성공을 꿈꾼다면 행동으로 실천하라

    우리는 누구나 성공을 꿈꾸고 있습니다. 그러나 그 꿈은 늘 마음속에 있었을 뿐 도전하지 않았고, 도전했더라도 도중에 포기하여 지금은 마음속에 목표로만 간직하고 있는 경우도 있습니다. 지금도 성공을 꿈꾸고 있습니까? 그러면 지금 당장 실천하십시오. 꿈을 행동으로 실천하지 않으면 그 꿈은 영원히 꿈일 뿐입니다. 그러나 꿈을 실천한다면 더 이상 꿈이 아니라 현실이 될 것입니다. 양손을 주머니에 넣고서는 성공의 다리를 오를 수 없기 때문입니다.

*여러분의 꿈은 무엇인가?

*그 꿈을 위하여 어떻게 실천하고 있는가?

양손을 주머니에 넣고서는
성공의 사다리를 오를 수 없다

-엘마 윌러

좋은 습관은 마음의 근력 훈련

어떤 행동에 대해 습관이 생기기 시작하는 시간은 평균 21일이며 66일이 지나면 그렇게 행동하지 않으면 오히려 불편함을 느낀다고 합니다. 성공은 능력과 노력이 아니라 좋은 습관 때문이라는데, 작심삼일(作心三日)이라는 방해꾼 때문에 성공의 길이 험난한 것 같습니다.

이렇게 하면 어떨까요? 매일매일 작심삼일을 습관화하는 것입니다. 습관은 마음의 근력훈련이기 때문입니다.

*어떤 일에 대하여 작심삼일로 포기한 기억이 있는가?

*나는 성공하기 위하여 어떤 습관을 바꿔야 할까?

공은 능력과 노력이 아니라
은 습관에서 태어난다.
하자면
관은 마음의 근력 훈련이다.

나카이 다카요시

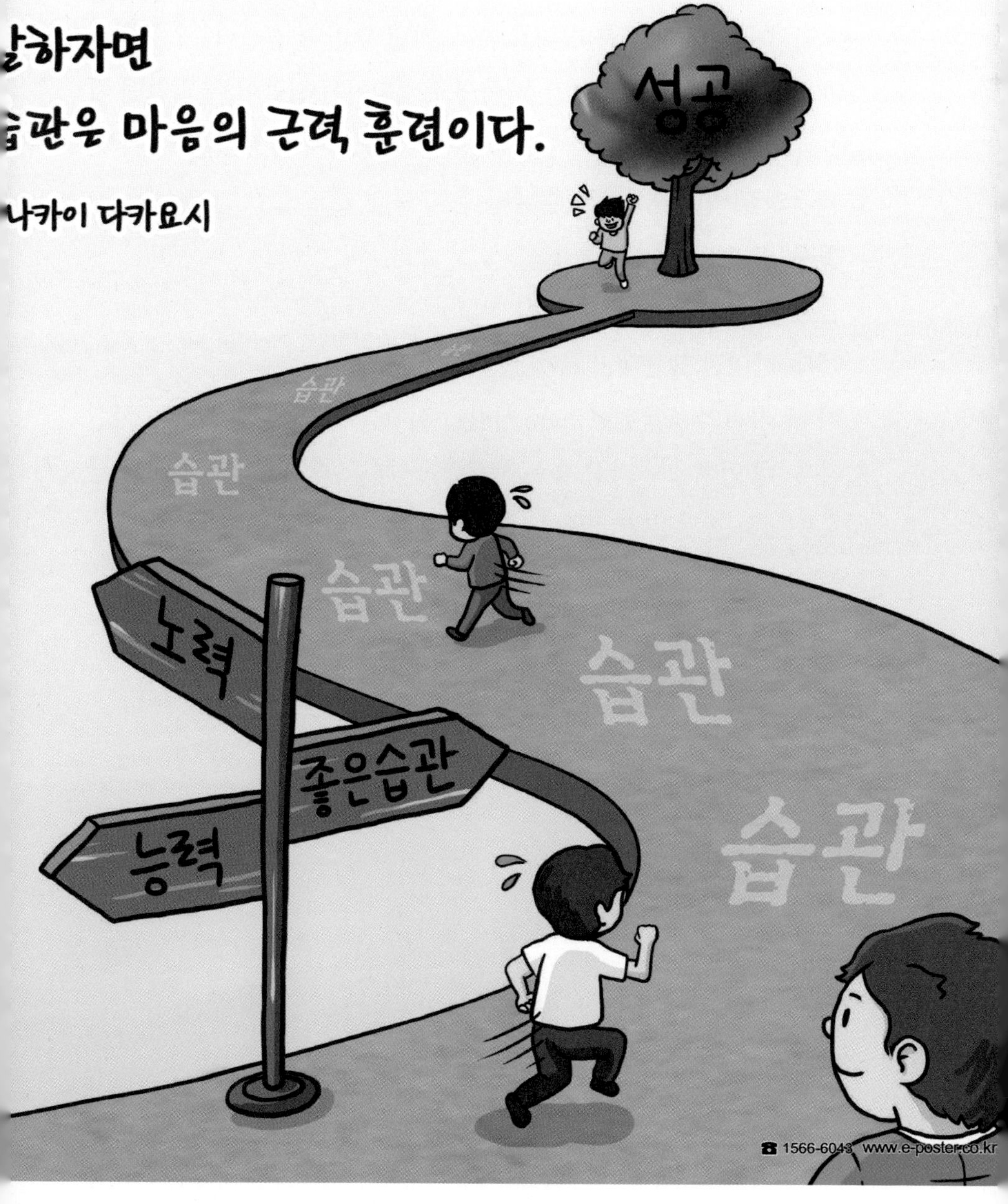

인생에서 가장 슬픈 세 가지

후회하지 않고 인생을 살아갈 수 있다면 얼마나 좋을까요? 돌이켜 보면 올바른 선택도 있었지만 늘 아쉽고 후회하는 일들이 더 많았던 것 같습니다. 미국의 저술가 루이스 E. 분은 '인생에서 가장 슬픈 세 가지' 를 다음과 같이 소개하고 있습니다.

첫째, 할 수도 있었는데…….

둘째, 했어야 했는데…….

셋째, 해야만 했는데…….

이 세 가지의 공통점은 모두 시간이 지난 후에만 알 수 있다는 사실입니다. 내 인생에서 가장 슬픈 세 가지를 해결할 수 있는 방법은 지금 바로 시작하는 것입니다. Right now!

*인생을 돌아보면 어떤 후회가 있는가?

*지금 그 후회를 바꿀 수 있는 방법은 없을까?

인생에서 가장 슬픈 세 가지

할 수도 있었는데..

했어야 했는데..

해야만 했는데..

-루이스 E. 분

바로 지금(Right Now)이 터닝 포인트

내 인생의 터닝 포인트는 언제인가요? 100세 시대를 살아가며 인생의 터닝 포인트는 달라지고 있습니다. 내 인생에 변화가 필요할 때 그것이 바로 내 인생의 터닝 포인트입니다. 변화를 꿈꾸며 도전하는 자에게는 인생의 터닝 포인트가 있지만, 변화를 두려워하는 자는 인생의 마지막 끝(막장)에 있다는 점을 명심해야겠습니다.

*내 인생의 변화가 필요한 시기는 언제인가?

*내가 새롭게 시작해야 할 것은 무엇인가?

시간은 우리를 기다려주지 않는다

어떤 일을 시작할 때 먼저 일에 대한 성격과 마감시간을 확인하게 됩니다. 대부분 충분히 여유가 있을 것이라 생각하고 급한 것부터 먼저 처리한다는 생각으로 뒤로 미루기 일쑤입니다. 얼마 후 문득 생각이 나서 그 일을 시작하려고 하지만 아직 마감시간이 남았다는 것을 확인합니다. 그러다 마감시간에 급하게 일을 진행하게 되고 결국은 일에 대한 품질 문제가 발생하거나 마감시간이 경과하는 경우를 맞기도 합니다. 우리는 시간을 여유 있게 바라보지만 시간은 결코 우리를 기다려주지 않습니다. 야속한 시간은 지금도 멈추지 않고 지나갈 뿐입니다.

*지금 하고 있는 일의 마감 시간은 언제인가?
*마감시간을 놓친 경우는 없었나?

Simply, Easily & Completely!
2017년 10월 9일(월)~10월 15일(일)

당신은
얼마든지
지체할 수
있지만

시간은
당신에게
그러하지
않을 것이다.

ZZ

☎ 1566-5043 www.e-poster.co.kr

시간과 성과의 상관관계

　정확한 목표 없이 설렁설렁 시간만 보낸다고 결과물이 만들어질 수 없습니다. 또한 하루 종일 바삐 움직였는데 퇴근 시간이 되어 결과물이 없는 경우도 있습니다. 벽돌이 쌓인다고 집이 되지 않듯이 시간이 쌓인다고 삶이 만들어지지는 않습니다. 얼마나 일을 하느냐가 아니라 어떤 일을 어떻게 하느냐가 중요합니다.

*나는 오늘 하루 몇 시간 업무에 집중하였나?

*일의 성과를 결정짓는 가장 중요한 것은 무엇인가?

시간이 부족하다면 일하는 모습을 돌아보라

온종일 바삐 움직이며 열정을 다했는데 막상 일에 대한 결과물이 없는 경우가 많습니다. 늘 시간이 부족하고 저녁과 주말까지 일을 해야 하는 사람에게 이렇게 권해보고 싶습니다. 일을 열심히 하고 있느냐는 질문보다는 어떻게 일을 계획하고 있느냐고 말입니다. 혹시 무언가에 중독되어 있거나 가치가 적은 활동으로 일과가 꽉 차 있지는 않은지요? 한 주를 시작하는 월요일 아침, 나에게 맡겨진 정확한 목표가 무엇인지 확인하고 일에 대한 우선순위와 일정을 결정하는 것이 나를 위한 시간관리가 아닐까요?

*이번 주에 해야 할 목표가 정해져 있는가?
*지난주의 업무 성과는 만족스러운가?

나를 위한 시간 혁명

시간이 부족한 것이 아니라
다만 무언가에 중독되어 있거나
가치가 적은 활동이
생활에 꽉 차 있기에
부족하다 느껴질 뿐이다.

—함병우(리더십 컨설턴트)

☎ 1566-6043 www.e-poster.co.kr

관찰과 연결은 혁신의 출발점

새로운 혁신은 관찰과 연결에서 시작됩니다. 사물을 보는 것과 관찰한다는 것은 어떤 차이가 있을까요? 보는 것은 단순히 외관에 대한 형상만 볼 수 있지만 관찰을 통해서는 사물에 대한 구조와 속성을 이해할 수 있습니다. 여기에 창의력이 더해진다면 새로운 발명이 있을 것이고, 유사한 객체가 아닌 전혀 다른 사물과 연결된다면 새로운 혁신이 가능해지는 것입니다.

택배 물품과 잠자리를 연결하여 드론(drone)을 활용할 수 있는 것처럼 관찰과 연결을 통하여 당신의 잠재력을 찾아보세요. 혁신의 시작은 관찰과 연결입니다.

*지금 눈앞에 있는 사물을 관찰해보자!
*사물을 전혀 다른 객체와 연결해보자!

망각곡선을 활용하는 훈련

인간은 망각하는 동물입니다. 세상의 모든 경험을 기억할 수 없으며 적절한 망각을 통하여 정신적인 질서와 안정을 찾아갈 수 있습니다. 그러나 이러한 망각은 학습을 통해 기억해야 할 것까지도 시간이 지남에 따라 망각하게 되는 이유가 되기도 합니다.

독일의 심리학자 에이밍 하우스는 시간이 지남에 따라 학습 결과가 지워진다는 망각곡선을 발표했습니다.

따라서 제한된 저장 공간에서 망각할 수 있는 것과 꼭 기억해야 할 것을 구분하고 꼭 기억해야 할 것은 반복학습을 통해 학습이 행동으로 이어질 수 있도록 하는 훈련이 필요합니다.

*기억에서 지워 버려야 할 것은 무엇이 있을까?

*기억이 지워지지 않도록 반복학습이 필요한 것은 무엇일까?

Simply, Easily & Completely!
2018년 7월 16일(월)~7월 22일(일)

반복학습 이 필요한 이유

학습 후 10분부터 망각

1시간 후 약50% 망각

1일 후 약70% 망각

1개월 후 약80% 망각

emory

0%

0%

0%

0%

0%

0

10분 1시간 1일 1주 1달

<*표 : 에빙하우스의 망각곡선>

☎ 1566-6043 www.e-poster.co.kr

재빠른 실패도 필요하다

누구나 실패를 몇 번 경험하다 보면 새롭게 도전하기보다는 그냥 포기하거나 나와는 맞지 않는 일이라고 자책해버리는 경우가 많습니다. 실패에도 요령이 필요합니다. '재빠른 실패'는 성공을 가능하게 하는 경험입니다. 실패를 미리 맛보는 의도적인 경험이라고 할까요?

늦은 실패로 그동안의 노력과 의욕을 상실하기보다는 성공을 예상한 재빠른 실패는 경험이 되고 방법이 되어 마침내 성공의 결실을 맞이하게 될 것입니다.

*여러분은 뼈저린 실패를 경험한 적이 있는가?

*재빠른 실패로 방법을 찾아볼 수는 없을까?

제3장

패러다임을 이해하고
사고를 전환하라

빠른 물고기가 느린 물고기 잡아먹는다

경영환경이 하루가 다르게 변화하고 있습니다. 조직의 크기와 과거의 성과만으로는 변화하는 경영환경에 대응할 수 없습니다. 미래를 내다보는 시대정신과 상황을 빠르게 예측하는 민첩성이야 말로 조직의 미래를 이끌어갈 수 있는 길입니다. 규모보다는 민첩성, 과거의 성과보다는 미래를 내다보는 혜안이 필요할 때입니다.

개개인의 경우도 마찬가지입니다. 변화에 민첩하게 대응하는 능력이 경쟁력입니다.

*나는 변화하는 환경을 이해하기 위하여 어떤 노력을 하고 있는가?

*나는 큰 물고기인가, 빠른 물고기인가?

큰 물고기가
작은 물고기를 잡아 먹는 것이 아니라
빠른 물고기가
느린 물고기를 잡아 먹는다

-존 챔버스

감옥과 수도원의 차이

구성원 여러분! 지금 여러분은 감옥에 계신가요, 아니면 수도원에 계신가요? 매일 아침 출근해서 정해진 일과를 마치고 정해진 시간에 퇴근하며 늘 불만과 불평으로 감옥에 갇힌 것처럼 살아가고 있지는 않나요? 작은 일에 감사하면서 부족함과 불편함을 불만으로 여기지 않을 때 우리는 수도원이요 천국에 있는 것입니다.

*나는 지금 감옥에 있는가, 수도원에 있는가?
*지금 내가 가장 감사해야 할 것은 무엇인가?

감옥과 수도원의 차이

감옥과 수도원의 공통점은
세상과 고립되어 있다는 것이다.
딱 하나의 차이가 있다면
사람들이 불평을 하느냐
감사를 하느냐이다.

감옥이라도 감사를 하면
수도원이 될 수 있다.

-마쓰시다 고노스케 마쓰시다 창업주

☎ 1566-6043 www.e-poster.co.kr

생각을 바꾸면 미래가 보인다

모든 행동은 생각으로부터 비롯됩니다. 사람의 운명은 그 사람의 인격에 달려 있고, 그 사람의 인격은 그 사람의 습관에 달려 있고, 그 사람의 습관은 그 사람의 행동에 달려 있고, 그 사람의 행동은 그 사람의 생각에 달려 있습니다.

당신의 미래는 어떨 것이라고 생각하나요?

생각을 바꾸면 미래가 보입니다.

*나는 지금 어떤 생각을 하고 있는가?
*나는 지금 깨어 있는 삶을 살아가고 있는가?

Simply, Easily & Completely!
2013년 5월 13일(월)~5월 19일(일)

생각을 바꾸면 미래가 보인다

사람의 운명은 그 사람의 인격에 달려 있고,
인격은 습관에 달려있고,
습관은 행동에 달려있고,
행동은 생각에 달려있다.

– 먼데이 모닝 리더십

☎ 1566-6043 www.e-poster.co.kr

고민이라는 낭비

지금 어떤 고민거리가 있으신가요? 절대 일어나지 않을 일이나 이미 일어난 사건이 걱정거리의 대부분인 96%를 차지한다고 합니다. 정작 고민해야 할 것은 4%뿐입니다.

이 시간 해결할 수 없는 문제로 시간을 허비하거나 불필요한 고민을 하고 있는 것은 아닌지, 성급하게 고민하지 말고 조금 천천히 느리게 사는 법도 삶의 지혜이자 요령인 것 같습니다.

*지금 하고 있는 고민은 무엇인가?

*지워야할 고민은 무엇인가?

고민이라는 낭비

96%의 걱정거리가 쓸데없는 것이고
나머지 4%만이
우리가 대처할수 있는 진짜 사건이다.
그럼에도 불구하고 대부분의 사람들은
해결할 수 없는 문제로 고민하고 시간을 허비한다.
- 「느리게 사는법」 어스젤린스키

진취적 사고는 두려움 대신 희망을 밝힌다

두려움이란 어떤 관계에 있어 강한 집착과 욕심에서 나오는 것입니다. 조직 생활에서 내가 할 수 있는 것과 하고 싶은 것은 분명 다를 것입니다. 불필요한 집착과 욕심은 자기 스스로 두려움을 갖게 하지만 어떤 순간에도 희망을 잃지 않는 적극적인 사고는 개인의 발전뿐 아니라 조직의 성장에도 크게 기여할 것입니다.

*현재 수행하고 있는 직무가 나의 적성에 적합한가?
*내가 바라는 희망과 조직이 바라는 기대는 무엇인가?

두려움은 당신을 가두고,
희망은 당신을 자유롭게 한다

☎ 1566-6043 www.e-poster.co.kr

시간은 기회 균등의 고용주

"시간은 기회를 동등하게 주는 고용주다. 모든 인간은 날마다 동일한 시간을 할당받는다. 부자라고 시간을 더 많이 사들여 다른 날 쓸 수 있는 것이 아니다. 또한 시간은 놀랍도록 공평하고 너그럽다. 과거에 아무리 많은 시간을 낭비했더라도 여전히 미래가 남아 있다. 성공하는 사람은 일에 대한 우선순위를 정하고 시간을 현명하게 사용하는 사람이다. 따라서 시간은 돈보다 더 많은 가치가 있고, 시간을 죽이는 것은 성공의 기회를 죽이는 것이다."

심리학자 데니스 웨이틀리의 글입니다. 오늘 여러분에게 주어진 24시간은 어떻게 사용하고 계십니까? 한 가지 분명한 사실은 어떻게 사용하느냐에 따라 그 가치와 질은 엄청나게 차이가 난다는 것입니다.

*하루 중 가장 바쁜 시간과 여유 있는 시간은 언제인가?
*가장 생산성을 높일 수 있는 시간은 언제인가?

시간은 기회를 동등하게 주는 고용주다

성공은 우선순위를 정하고 계획함으로서
시간을 현명하게 사용하는 데에 달려있다.
시간은 돈보다 더 많은 가치가 있고,
시간을 죽이는 것은 성공 기회를 죽이는 것이다.

☎ 1566-6043 www.e-poster.co.kr

성공하는 사람과 실패하는 사람의 차이

조직에서 새로운 프로젝트가 주어졌을 때 당신은 어떻게 생각하고 행동하십니까? 당연히 내 일, 우리 일이라는 긍정적 사고보다는 '꼭 우리 팀에서 해야 할 일인가?' '성공할 확률은 얼마나 될까?' '평가에 좋지 못한 영향을 받지는 않을까?' 등 일신(一身)의 편의를 먼저 생각하며 조직생활을 하고 있지는 않습니까?

성공하는 사람은 실패를 두려워하지 않는 긍정적 사고로 조직에서 결정된 과제를 자신 있게 받아들이는 사람입니다.

*최근에 새로운 과제를 부여 받은 적이 있는가?

*그렇다면 지금 그 일을 효과적으로 실행하고 있는가?

성공하는 사람은
실패하는 사람이 하지 않을 일을
기꺼이 하는 사람이다

– 미겔 데 우나무노

인식의 전환, 위기를 기회로 만드는 무기

　일생을 살아가며 우리에게는 수많은 위기가 닥칠 수 있습니다. 때로는 감당하기 힘든 위기라 할지라도 이를 효과적으로 대처하여 기회로 만든다면 인생에 있어 새로운 전환점이 될 수 있습니다. 성장은 고통 없이는 이루어질 수 없으며, 발전은 새로운 시도가 성공했을 때 비로소 가능해지기 때문입니다. 위기를 기회로 만드는 무기는 '인식의 전환' 입니다. 틀리게 보는 것이 아니라 다르게 보는 법을 기억하십시오.

*틀린 것과 다른 것은 어떤 차이가 있을까?
*위기를 기회로 만드는 데 필요한 역량은 어떤 것이 있을까?

진정한 승리자의 언행은 부드러움이 특징이다

갈대가 세찬 바람에도 넘어지지 않는 이유는 갈대의 부드러움 때문입니다. 법정 스님은 "바닷가의 조약돌을 그토록 둥글고 예쁘게 만든 것은 무쇠로 된 정이 아니라 부드럽게 쓰다듬는 물결"이라고 말씀하였습니다. 사람 역시 매사에 너무 강하면 꺾일 수 있지만 부드러우면 어떤 힘든 일이라도 능히 이길 수 있다는 교훈과 서로 통합니다. 부드러운 말과 행동으로 진정한 승리자가 되십시오.

*당신은 부드러움과 강함 중에 어떤 것을 선택하겠는가?
*당신은 어떤 부드러움을 강점으로 가지고 있는가?

부드러움이 강함을 이긴다

바닷가의 조약돌을
그토록 둥글고 예쁘게 만든 것은
무쇠로 된 정이 아니라
부드럽게 쓰다듬는 물결인 것을

－법정

☎ 1566-6043 www.e-poster.co.kr

녹슬지 않는 삶과 인생

나이를 더하는 것만으로 사람은 늙지 않습니다. 이상을 잃어버릴 때 비로소 늙는 것입니다. 꿈과 희망, 열정을 잃지 않으면서 끝없이 변화를 시도하여야 합니다. 그렇다면 내 삶의 변화를 위하여 어떤 노력을 하고 있습니까? 올바른 방향으로 삶을 변화시키는 것은 자기 자신입니다. 녹슬지 않는 인생, 그것은 변화로부터 시작됩니다.

*내 삶의 변화를 위하여 나는 어떤 노력을 하고 있는가?
*나에게 가장 변화가 필요한 것은 무엇인가?

그 삶에 변화가 없다면
그 인생은 이미 녹슬어 버린 것과 다름 없다
-법정

승자는 방법을 찾고 패자는 변명거리를 찾는다

패자들은 제대로 진행되지 않는 일에 대해서는 이런저런 핑계를 늘어놓습니다. 해결을 위하여 방법을 찾는 것이 아니고 다른 사람을 탓하며 변명거리를 만들어냅니다. 반면에 승자들은 어떠한 문제에 대해 과정을 계획하고 해결하기 위한 방법을 생각합니다. 강한 자신감으로 두려움을 없애고 실천하는 당신을 응원합니다.

*'다시 한 번 해보자.' '해봐야 별 수 없다.' 당신은 어느 쪽인가?
*자신감이 없을 때 어떤 과정이 필요할까?

성공하는 사람들의 공통점은 예측과 준비

외부로부터 어떤 힘이 작용하지 않는 한 물체가 자신의 운동 상태를 계속 유지하려는 성질을 관성이라고 합니다.

우리의 하루 일과는 어떻습니까? 매일 똑 같은 시간에 일어나고 출근해서 일하고 퇴근시간을 기다리며 내일을 위하여 잠을 청하는 메마른 일상……

성공하는 사람들의 공통된 특징은 오늘의 변화를 예측하고 미래를 준비한다는 것입니다. 관성대로 살아갈 것인가, 아니면 변화를 느끼며 살아갈 것인가 하는 문제입니다.

*주변에서 어떤 것이 변화하고 있는가?

*이런 변화에 대응하여 어떤 준비를 하고 있는가?

관성대로 살 것인가!
변화를 느끼며 살 것인가!

키위, 풍요로움이 주는 불편한 진실

"뉴질랜드에 사는 키위라는 새는 앞을 못 보고 날지도 못한다고 알려져 있습니다. 키위가 서식하는 지역이 화산지대여서 뱀이나 파충류 따위의 천적이 없는 반면 먹이가 풍부하다 보니 굳이 날아다닐 필요가 없어져 날개와 눈의 기능이 퇴화된 결과라고 합니다."

배동만 제일기획 사장의 말입니다.

지금 자신의 모습은 어떤가요? 혹시 지나친 풍요로움을 누리고 있지는 않습니까? 어쩌면 조금씩, 조금씩 키위를 닮아가고 있을지도 모릅니다.

*나에게 있어 가장 퇴화하고 있는 것은 무엇일까?

*키위와 같은 인생을 바꾸기 위하여 해야 할 일은 무엇일까?

키위 새가 주는 경고

뉴질랜드에 사는 키위라는 새는
앞을 못 보고 날지도 못 한다고 알려져 있습니다.
키위가 서식하는 지역이 화산지대여서
뱀이나 파충류 따위의 천적이 없는 반면
먹이가 풍부하다 보니 굳이 날아다닐 필요가 없어져
날개와 눈의 기능이 퇴화된 결과라고 합니다.
－배동만, 제일기획 사장

열매를 맺으려면 꽃을 버려야 한다

사람은 누구나 편안하고 화려한 모습으로 살아가기를 원합니다. 그러나 성장의 관점에서 지금 누리고 있는 편안함과 화려한 모습만으로는 결코 미래를 보장할 수 없습니다.

나무가 꽃을 피우고 있을 때는 화려한 모습이지만 열매를 맺기 위해서는 꽃을 버려야 하고, 강물이 바다에 이르기 위해서는 강을 버려야만 하는 것처럼 지금의 편안함과 화려한 모습으로는 결코 성장할 수 없다는 것입니다. 또 다른 성장을 위하여 지금 내려놓아야 할 것이 무엇인지 생각하고 실천하는 한 주가 되시기 바랍니다.

*내가 누리고 있는 편안함은 어떤 것인가?
*나의 성장을 위하여 지금 내려놓아야 할 것은 무엇인가?

나무는 꽃을 버려야 열매를 맺고,
강물은 강을 버려야 바다에 이른다.

-화엄경

☎ 1566-6043 www.e-poster.co.kr

고정관념을 버려야 세상이 바뀐다

    콜럼버스가 네모 난 지구를 당연하다고 생각하였다면 신대륙은 발견되지 않았을 것입니다. 모든 것이 당연하면 세상은 바뀌지 않습니다. 세상은 당연하지 않았던 것이 당연해지면서 발전하게 됩니다.

    다르게 관찰하고 다르게 연결하십시오.

*내 속에 있는 고정관념을 깨자!

*다르게 관찰하고 다르게 연결하자!

대나무에서 배우는 긍정의 효과

대나무는 씨앗을 심은 후 4년 동안 하나의 죽순 빼고는 아무 것도 보이지 않는다고 합니다. 모든 성장은 땅속에서 이루어지며 섬유질의 뿌리 구조가 형성되어 땅속으로 깊고 넓게 퍼져 나가는 것입니다. 마침내 5년째 되는 해 대나무는 25미터로 높이 자란다고 합니다.

개인, 조직 할 것 없이 큰 목표를 가지고 꾸준히 노력한다면 결국에는 원하는 결과를 얻게 된다는 것을 대나무의 성장을 통하여 알 수 있습니다.

*나는 매사에 긍정적인 사고로 생활하고 있는가?

*장기적인 목표를 달성하기 위해 지금 무엇을 하고 있는가?

대나무의 비밀

대나무는 씨앗을 심은 후
처음 4년 동안은 하나의 죽순 빼고는
아무 것도 보이지 않는다.
그 4년 동안 모든 성장은
땅속에서 이루어 진다.
그 동안 섬유질의 뿌리구조가 형성되어
땅속으로 깊고 넓게 퍼져 나간다.
그러고 나서 5년째 되는 해
대나무는 25미터 높이로 자란다.

-'긍정적으로 생각하라'에서

고정관념을 깨야 뛰어오를 수 있다

벼룩을 뚜껑이 있는 상자에 넣어두면 뛰어오르는 높이가 계속해서 낮아집니다. 벼룩 스스로 그 정도만 뛰어오를 수 있도록 조절된 상태에 익숙해져 버렸기 때문입니다. 우리 조직은 구성원들의 창의적 아이디어를 막고 있지는 않는지 살펴보세요.

*구성원들의 제안이나 창의적 아이디어가 묵살 당하지는 않는가?
*고정관념을 벗어나 사고의 틀을 깨칠 수 있도록 상상하는가?

생각만큼 뛰어오를 수 있다!

벼룩은 뚜껑이 있는 상자에 넣어 두면
뛰어오르는 높이가 점점 낮아진다.
벼룩 스스로 그 정도만 뛰어오를 수 있도록
조절된 상태에 익숙해져 버렸기 때문이다.
누구나 생각하는 만큼 뛰어오를 수 있다.

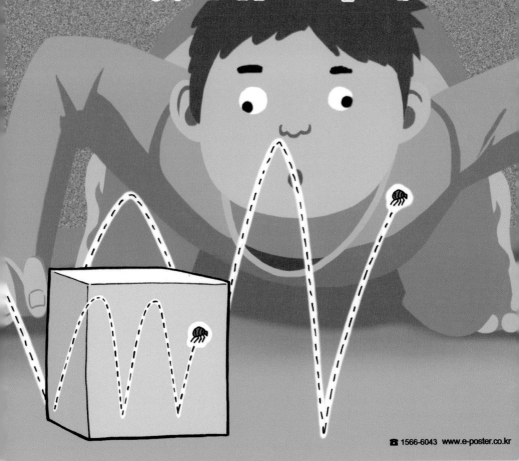

☎ 1566-6043 www.e-poster.co.kr

별 수 없다고 포기할까, 한 번 해보자고 도전할까

    승자는 늘 긍정적인 생각으로 일을 이끌어가고, 패자는 부정적인 생각으로 일에 끌려갑니다. 일상에서 사용하는 언어에서도 나타납니다. 패자는 늘 '힘들다!', '죽겠다!', '미치겠다!' 같은 부정적인 언어를 쓰기 때문에 결국 자기도 모르는 사이에 그렇게 된다는 사실을 알아야 합니다. 어떻게 하시겠습니까? 해봐야 별수 없다고 포기하시겠습니까, 아니면 다시 한 번 해보자고 도전하시겠습니까?

*평소 자신의 언어 습관은 어떻다고 생각하는가?
*지금 고민하고 있는 일에 대하여 어떻게 할 것인가?

승자가 즐겨 쓰는 말은
"다시 한번 해보자." 이고,
패자가 즐겨 쓰는 말은
"해봐야 별 수 없다." 이다.
−탈무드

☎ 1566-6043 www.e-poster.co.kr

'합격사과'의 역발상

"일본 아이모리 현의 합격 사과에 대한 이야기입니다. 어느 날 사과 농장에 큰 태풍이 몰아쳐 수확을 앞둔 사과 90%가 낙과해 버리는 일이 있었다고 합니다. 대부분의 사과 농민들은 농사를 망쳤다며 우울해 하고 있었는데, 한 농민의 제안으로 남은 10%의 사과를 큰 태풍에도 안 떨어지는 사과, 다시 말해 '합격 사과'라고 이름을 붙여 시험을 앞둔 학부모들에게 팔아 큰 수익을 얻었다고 합니다. '90%나 떨어졌다.'를 '10%는 떨어지지 않았다.'로 뒤집어 생각하는 것."

유튜브에서 박용후 관점디자이너가 이야기한 내용입니다.

이번 주는 관점을 바꾸는 역발상으로 고정된 생각을 뒤집어 보면 어떻겠습니까?

*나의 고정관념 지수는 얼마나 될까?

*나이가 들고 경험이 많으면 고정관념 지수는 어떻게 될까?

Simply, Easily & Completely!
2016년 6월 13일(월)~6월 19일(일)

'노(no)'를 거꾸로 쓰면
전진을 의미하는 '온(on)'이 된다.

– 노먼 빈센트 필

☎ 1566-6043 www.e-poster.co.kr

내 인생의 전환점에서 허송세월?

인생의 고비를 겪지 않고 사는 사람이 있을까요? 학교와 가정 그리고 직장생활에서도 늘 전환점이 있게 마련입니다. 전환점은 현재의 위치에서 방향을 바꾸는 자리입니다. 방향을 바꾼다는 것은 현재 하는 일상적인 일이 아니라 전혀 새로운 모습으로 다시 태어나는 혁신의 고통이 따르기도 합니다.

그러나 대부분 사람은 그 시간을 찾지 못하고 허송세월만 보내는 경우가 있습니다. 만약 지금이 내 인생의 전환점이라면 무조건 행동해야 합니다. 기회라는 선물은 매우 **빠른** 특성이 있어 한눈을 팔면 저 멀리 도망가 버리기 때문입니다.

*내 인생의 전환점은 언제였을까?
*내 인생의 전환점은 어떤 의미가 있을까?

지식과 지혜의 차이

　지식은 학습을 통하여 머릿속에 보유한 결과물이지만 지혜는 학습을 통하여 습득한 결과를 응용하고 발전시켜 나가는 정신적인 능력입니다. 지식이 많은 사람은 남에게 자랑하지만, 지혜가 있는 사람은 남의 이야기를 경청합니다.

*지식과 지혜 가운데 어떤 것을 소중하게 생각하는가?

*말하는 것과 들어주는 것 어떤 일이 더 중요할까?

자기암시, 기적의 삶을 위한 마법의 주문

여러분의 아침 출근 모습은 어떻습니까? 피곤한 모습으로 스마트폰과 출근 차량에 이끌려 회사로 향하고 있지는 않습니까? 이번 한 주는 이렇게 주문을 외우면 어떨까요?

"나는 오늘 긍정적인 태도로 어떤 어려움도 맞이할 준비가 되어 있다."

긍정적인 태도와 마음가짐은 새로운 하루를 시작하는 힘의 원천이며 열정의 에너지가 될 것입니다. 기적을 기다리는 사람에게는 기적이 되겠지만 시도하는 사람에게는 현실이라고 합니다. 오늘 이 주문으로 여러분 앞에 기적을 현실로 만들어 보세요.

*출근길 여러분은 어떤 모습인가?
*기적을 만들기 위한 나만의 주문이 있는가?

'되도록 해야지'와 '어떻게든 되겠지'

낙관적인 사람은 그저 앞의 일이 잘 되기만을 바라며 "어떻게든 되겠지(It will)."라고 표현합니다. 그러나 긍정적인 사람은 그 일을 이루기 위해 현실적인 노력을 다하며 "되도록 해야지(I will)."라고 표현합니다. 여러분은 낙관적인 사람인가요, 긍정적인 사람인가요?

*어려움이 닥쳤을 때 낙관적인 자세와 긍정적인 자세 중 어떤 것이 더 필요할까?

*여러분은 낙관적인 사람인가, 긍정적인 사람인가?

새로운 도전을 위해 먼저 해야 할 일

고정관념(固定觀念)이란? "어떤 집단이나 사회적 범주 구성원들의 전형적인 특징에 관한 신념"으로 정의하고 있습니다. 나의 경험과 지식이 긍정적으로 작용할 때도 있지만 지나칠 경우 고정관념으로 굳어 버리는 경우가 있습니다.

새로운 도전을 위해서는 현재 서 있는 여러분의 위치를 변경해야 합니다. 내가 가지고 있는 신념과 사회적 위치만 고집한다면 절대 새로워질 수 없으며 변화를 꾀할 수 없습니다. 앉은 자리를 한 번 바꿔 보시겠습니까? 그러면 새로운 풍경을 보게 될 것입니다.

*나에게 새로운 도전이 필요한 시기인가?
*현재의 위치에서 새롭게 도전할 경우 승리할 수 있는가?

앉은 자리를 바꾸지 않으면 새로운 풍경을 볼 수 없다.

−김수정 1cm+

생각의 힘은 인생을 바꿀 수 있다

생각을 바꾸면 인생이 달라질 수 있을까요? 고정관념에 사로잡혀 주변을 바라보지 않고 오직 자기주장만 내세우는 사람은 인생을 바꿀 수 없습니다. 생각은 결론을 얻어내기 위하여 머리를 써서 사물을 헤아리고 판단하는 과정이며 이를 통하여 습관과 행동을 변화시킬 수 있습니다. 따라서 생각을 바꾸면 습관이 바뀌고 습관이 바뀌면 행동이 바뀌고 행동이 바뀌면 인생이 달라지는 것입니다. 인생을 변화시킬 출발점은 지금 여러분이 어떤 생각을 하고 있느냐에 달려 있는 셈입니다.

*현재 나는 어떤 생각을 하고 있는가?
*변화된 내 인생은 어떤 모습일까?

생각을 바꾸면 습관이 바뀌고
습관이 바뀌면 행동이 바뀌고
행동이 바뀌면 인생이 달라진다

☎ 1566-6043　www.e-poster.co.kr

행복의 차이

인간의 행복을 저해하는 가장 큰 요소는 무엇인가 끊임없이 얻고자 하는 욕심입니다. 하버드대학교 심리학 교수 하워드 가드너는 "불행한 사람은 갖지 못한 것을 사모하고 행복한 사람은 갖고 있는 것을 사랑한다."라고 했습니다. 그렇다면 여러분은 가진 것이 많은 사람입니까, 아니면 늘 부족하다고 생각하는 사람입니까?

*여러분이 가지고 있는 가장 소중한 것은 무엇인가?
*여러분은 그것을 다른 사람이 가진 것보다 사랑하는가?

Simply, Easily & Completely!
2017년 1월 23일(월)~1월 29일(일)

불행한 사람은
갖지 못한 것을 사모하고
행복한 사람은
갖고 있는 것을 사랑한다.
-하워드 가드너

☎ 1566-6043 www.e-poster.co.kr

이기는 사람과 지는 사람

어떤 문제가 생겼을 때 원인을 자신에게서 찾는 사람이 있는 반면 재수가 없었다느니 아니면 상대방의 잘못으로 문제를 일으켰다고 변명 아닌 변명을 하는 사람을 보곤 합니다. 결론은 분명합니다. 이기는 사람은 실수했을 때 "내가 잘못했다."고 말하고, 지는 사람은 실수했을 때 "너 때문에 이렇게 되었다."고 변명합니다. 문제의 원인을 자신에게 돌리는 사람은 개선을 통하여 문제를 해결할 수 있지만, 남에게서 원인을 찾는 사람은 개선보다는 핑계거리를 찾습니다. 여러분은 답을 어디서 찾습니까?

*최근에 실수했던 적이 있었나?

*이때 여러분은 어떻게 대응하였나?

어두운 밤이라야 별을 제대로 볼 수 있다

하루라는 단어에는 밤과 낮이 있습니다. 우리의 인생길 또한 밝은 낮과 어두운 밤이 있습니다. 누구나 내 인생의 밝은 날만 꿈꾸고 있지만, 누구도 어둠을 피할 수는 없습니다. 어둠은 세상의 모든 것을 잠자게 하지만 새벽이 오면 또 다른 생명을 시작하게 합니다. 지금 내 인생이 캄캄하고 어두운 밤이라 할지라도 이 밤이 깊어 가면 새로운 희망의 아침이 기다리고 있으니 결코 낙담할 필요가 없습니다. 어둠을 두려워하지 마세요. 어둠이 있어야 제대로 별을 볼 수 있습니다.

*여러분의 오늘은 어둠인가, 밝은 낮인가?

*새벽을 위하여 무엇을 준비하고 있는가?

Simply, Easily & Completely!
2017년 2월 13일(월)~2월 19일(일)

☎ 1566-6043 www.e-poster.co.kr

운명을 결정하는 습관의 마법

"습관이 운명을 결정한다."는 말이 있듯이 습관을 어떻게 길들이느냐에 따라 인간의 모습은 달라집니다.

습관을 보통 길에 비유하는데 사람은 모르는 길보다 자주 다녀서 익숙한 길로 다닙니다. 또한 한 번 접힌 종이는 그쪽으로만 접히며 논에 물길을 내놓으면 물은 그쪽으로 흐르듯이 처음에는 사람이 습관을 만들지만 잘못된 습관은 습관이 사람을 만들게 됩니다. 습관은 행동이 무수히 지나다닌 마음의 길이기 때문입니다.

*나의 잘못된 습관은 어떤 것이 있을까?

*내 운명을 바꾸기 위하여 바꾸어야 할 습관은 무엇일까?

처음에는 사람이 습관을 만들지만
그 후로는 습관이 사람을 만든다.

-존 드리이든

☎ 1566-6043 www.e-poster.co.kr

낙관론자는 기회를 발견하고,
비관론자는 문제점만 본다

세상에는 어두운 곳과 밝은 곳이 존재합니다. 어두운 곳에서는 사물의 형체를 정확히 볼 수 없지만 빛이 있는 경우 사물의 형체뿐 아니라 고유한 색상까지도 식별할 수 있게 됩니다. 이같이 사물을 식별하기 위해서는 빛이 필요합니다. 어떤 사물을 바라볼 때 관점의 차이 또한 중요합니다. 세상을 너무 비관적으로 바라보면 그 속에 있는 문제점만 보이게 되지만 낙관적으로 보면 그 속에 숨겨진 기회를 찾을 수 있게 됩니다. 여러분은 문제점과 기회 중 어떤 것이 더 잘 보입니까?

*여러분은 낙관론자인가, 비관론자인가?
*여러분은 문제점을 찾고 있는가, 새로운 기회를 찾고 있는가?

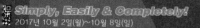

Simply, Easily & Completely!
2017년 10월 2일(월)~10월 8일(일)

낙관론자와 비관론자의 차이

비관론자들은 모든 기회에 숨어있는 문제를 보고,
낙관론자들은 모든 문제에 감추어져 있는 기회를 본다.

－데니스 웨이틀리

Problem

Problem

☎ 1566-6043 www.e-poster.co.kr

혁신적인 아이디어란?

혁신적인 아이디어는 어떤 것일까요? 테드 테너 전 CNN 회장은 "혁신적인 아이디어를 제시할 때 사람들이 비웃지 않는다면 그 아이디어는 좋지 않을 확률이 높다."라고 이야기합니다. 누구나 참신한 아이디어를 제시할 때 과학적인 근거와 사실적인 Data를 통하여 제시하고 있습니다. 그 아이디어가 잘못되었다는 것은 분명 아닙니다. 그러나 때로는 엉뚱한 곳에서 남들이 생각하지 못한 새로운 혁신적인 아이디어가 나올 수 있습니다. 따라서 남들이 비웃는 아이디어라면 아무도 시도해보지 않은 독창적인 아이디어가 될 수 있기 때문입니다.

*여러분의 아이디어는 잘 채택되는 아이디어인가?

*여러분의 아이디어로 기대 이상의 성과를 이룬 것이 있는가?

혁신적인 아이디어를 제시할 때
사람들이 비웃지 않는다면
그 아이디어는 좋지 않을 확률이 높다.

-테드테너 CNN회장

참된 농부는 옆집의 과일보다 씨앗에 관심을 둔다

　성공한 사람을 보면 그들의 재력이나 위치만으로 그들을 평가하는 경우가 많은 것 같습니다. 훨씬 중요한 사실임에도 정작 그들이 어떻게 살아왔는지, 그리고 어떤 노력과 열정으로 성공했는지에 대해서는 큰 관심을 두지 않고 현재의 모습만 부러워합니다.

　농부가 옆집 과수원의 과일을 탐내지 않고 씨앗에 관심을 두는 이유는 눈앞에 보이는 성과보다는 그 성과를 만들어낸 요인과 미래를 준비하는 것이 더 중요하기 때문입니다. 여러분의 손에는 어떤 씨앗이 준비되어 있나요?

*열매와 씨앗 중 어떤 것을 찾고 있는가?

*미래를 준비하는 씨앗은 어떤 것이 있는가?

지혜로운 삶의 주인공은 자기 자신

"어렸을 때는 갖고 싶은 것이 많고, 젊었을 때는 바꾸고 싶은 것이 많고, 나이 먹었을 때는 참아야 할 것이 많고, 늙었을 때는 돌이키고 싶은 것이 많은 것 같다."

인생을 살아가며 누구나 자신의 나이와 위치에서 최선을 다하는 삶을 살아야겠지요. 최선을 다한다는 것은 열정적인 삶이 될 수 있지만 열정이 과하면 욕심이 되고 욕심이 과하면 결국 무너지게 되는 것 또한 인간사가 아닌가 생각합니다. 나이를 먹었다고 무조건 참고, 열정을 억누를 수는 없습니다. 그러나 자신의 상황과 위치를 고려하여 가장 지혜로운 결정이 어떤 것인지 판단하는 것은 결국 여러분 자신의 몫입니다.

*여러분에게 필요한 것은 무엇인가?
*내 위치에서 가장 지혜로운 삶은 어떤 것인가?

어렸을 때는 갖고 싶은 것이 많고,
젊었을 때는 바꾸고 싶은 것이 많고,
나이 먹었을 때는 참아야 할 것이 많고,
늙었을 때는 돌이키고 싶은 것이 많은 것 같다.

-탁현민 연출가

사막이 주는 희망

우리는 살면서 늘 좋은 일만 있기를 소망합니다. 그러나 세상이 그리 호락호락하지 않다는 것을 알게 됩니다. "매일 맑은 날만 계속된다면 이 세상은 사막이 되었을 것입니다."라는 방송인 김제동 씨의 말처럼 오르막이 있으면 내리막이 있듯이 우리의 인생 또한 늘 변화 속에서 발전하고 아픔을 견디며 성숙하는 것 같습니다. 비 온 뒤에 땅이 굳듯이 오늘 힘들고 어려운 일이 있을지라도 내일을 위하여 파이팅 하세요. 까짓 거 너무 고민하지 말자고요.

*살면서 가장 힘들었던 때는 언제였나?
*가장 힘든 시기를 벗어날 수 있었던 동인은 무엇인가?

Simply, Easily & Completely!
2018년 1월 29일(월)~2월 4일(일)

매일 맑은 날만 계속 된다면
이 세상은 사막이 되었을 것이다.

—방송인 김제동

☎ 1566-6043 www.e-poster.co.kr

발 없는 사람을 보기 전까지는

살면서 내가 가장 불행하고 운이 없다고 생각하지는 않았습니까? 현대사회 여러 가지 도전 앞에서 때로는 억눌리고 짓눌려 산다고 생각하겠지만 우리보다 더 힘들고 더 어려운 사람이 많다는 것을 알아야 합니다. "발이 없는 사람을 보기 전까지는 내게 신발이 없음을 슬퍼했다."는 고대 페르시아 격언처럼 불평과 불만을 토로하기보다는 내게 주어진 작은 행복에 감사하는 마음이 더욱 필요한 때라고 생각합니다. 왜냐하면 우리에게는 내일이 있으니까요.

*가장 불행하고 운이 없다고 생각한 때는 언제였나?

*어느 때 가장 행복을 느끼는가?

발이 없는 사람을 보기 전까지는 내게 신발이 없음을 슬퍼했다.

–고대 페르시아 격언

자신의 위상을 모를 때가 가장 위험하다

세상을 살다 보면 잘못된 유혹에 빠질 경우도 있습니다. 물론 자신은 잘못이 없고 사람을 잘못 만났다는 변명을 할 수도 있겠지요. 그러나 자신이 의도했든, 의도하지 않았든 잘못을 알았다면 빨리 그 자리를 피할 수 있어야 합니다. 문제는 내가 지금 어디에 있는지, 그리고 무엇을 하고 있는지 잘 모르고 있을 때가 가장 위험하다는 것입니다.

*지금 여러분이 있는 곳은 어디인가?
*지금 하고 있는 일은 올바른 일인가?

물에 빠진 것에 낙담하지 마라.
거기서 머무르지 않으면
살 수 있다.

☎ 1566-6043 www.e-poster.co.kr

대나무는 중간의 마디 덕분에 곧고 길게 자란다

인생이란 긴 여정에서 고통과 아픔이 없는 날이 얼마나 될까요?

대나무가 가늘고 길게 자랄 수 있는 것은 중간의 마디 때문이라고 합니다. 만약 마디가 없는 대나무라면 그토록 높이 자랄 수도 없고, 바람을 타고 서로의 몸을 스치며 소리를 질러댈 수도 없었을 것입니다. 비록 내 인생에 시련이라는 마디가 있을지라도 그것은 인내와 의지가 되어 나를 더욱 성장시키는 강한 힘이 될 것입니다.

*내 인생의 마디는 언제 어떤 것이었나?

*내가 힘들 때 나를 지켜주는 것은 무엇이었나?

천천히 가지만 뒤로 가지는 않는 사람

미국의 16대 대통령 에이브러햄 링컨은 27번의 큰 실패를 겪은 다음 52세의 나이로 미국 대통령에 당선되었습니다. 그는 수많은 실패를 겪었음에도 결코 좌절하지 않았습니다.

"나는 천천히 가는 사람이다. 그러나 나는 뒤로 가지는 않는다."

우리는 몇 번 실패를 겪고 나면 새로운 기회에서도 쉽게 포기하는 경우가 많습니다. 나는 안 되는구나, 이것이 최선이구나, 따위로 자신을 위로하면서 결국 포기한다는 것이죠. 세상에 성공만 있다면 성공하지 못할 사람이 또 어디 있겠습니까? 실패가 쌓이면 성공은 뒤따르게 마련입니다. 뒤돌아보지 말고 꾸준히, 그리고 천천히 도전한다면 세상에 이루지 못할 일이 또 어디 있겠습니까?

*나는 실패가 두려워 쉽게 포기하지는 않는가?
*여러분이 실패하였다면 성공과 좀 더 가까워진 게 아닐까?

나는 천천히 가는 사람이다.
그러나 나는 뒤로는 가지 않는다.

-링컨

시간 관리는 자신의 선택

우리에게 주어지는 인생의 시간, 어떻게 사용하시나요? 세상 누구에게나 똑같이 주어지는 것이 시간인데 사용하는 것은 사람마다 차이가 있습니다. 알뜰하게 쪼개고 나누면 인생의 시간이 길어질 것이고, 헛되이 사용하면 인생 또한 짧아질 것입니다. 오늘 하루 최선을 다하라는 말처럼 낭비 없는 시간관리 역시 여러분 자신의 선택입니다.

*나는 오늘 하루 소중한 시간 어떻게 사용하였나?
*내일은 어떤 계획으로 소중한 시간을 사용할까?

인생은 시간의 낭비에 의해
더욱 짧아진다.
-사무엘 존슨

☎ 1566-6043 www.e-poster.co.kr

제4장

리더십을 키워라

리더의 역할

리더는 구성원에게 모범을 보여줘야 하며 이들의 행동 여하에 따라 조직의 성과를 결정합니다.

"물고기는 머리부터 부패한다"고 합니다.

기업도 물고기와 마찬가지로 성공과 실패의 원인을 리더십에서 찾을 수 있습니다.

훌륭한 리더는 구성원을 올바른 길로 이끌 수 있지만 그러지 못한 리더는 구성원에게 고통을 줍니다.

*나는 올바른 리더십을 발휘하고 있는가?

*리더십을 키우기 위해 무엇이 부족한가?

물고기는
머리부터 부패하기 시작한다.

-마크트웨인

리더의 중요성

리더가 역할을 제대로 못할 경우 조직은 어떻게 될까요?

고장 난 비행기가 하늘에서 추락하듯 조직 또한 방향성을 잡지 못하고 이리저리 허둥댈 것입니다.

조직의 리더는 무한책임을 가지고 있습니다.

리더는 강한 멘탈과 책임감으로 조직을 이끌 수 있어야 하며 그의 머리, 눈 그리고 행동 하나까지도 구성원에게 신뢰와 존경의 모습으로 비춰져야 합니다.

*리더의 역할은 무엇이라고 생각하는가?

*리더가 구성원에게 보여주어야 할 리더십은 무엇일까?

실패한 리더

고장 난 비행기가 하늘에서 추락하듯
조직 또한 방향성을 잡지 못한다.

리더와 권한이양

"임파워먼트(Empowerment)라는 단어는 임파워(Empower) 라는 동사에서 왔는데, 이때 임 (em)은 '~을 부여하다'라는 뜻의 접두사이다. 즉, 임파워란 '파워를 부여하다'라는 의미가 된다. 그리고 분명 파워(power)에는 권한이라는 의미도 있기 때문에 임파워먼트는 '권한의 이양' 즉 부하를 '파워 업'시키는 것이다."

에노모토 히데타케의 『마법의 코칭』에 나오는 말입니다.

*우리 조직의 위임전결은 적절하게 배분되어 있는가?

*오늘 부하 직원에게 어떤 권한을 이양할 수 있을까?

Simply, Easily & Completely!
2014년 11월 3일(월)~11월 9일(일)

진정한 임파워먼트란 무엇일까?

권한이양

파워업

위대한 리더는 책임질 때만
가장 높은 자리를 차지한다

위대한 리더는 책임질 때를 제외하고는 어떤 경우에도 그의 추종자들보다 자신을 더 높은 곳에 두지 않습니다.

자신의 성공 뒤에는 그를 추종하는 든든한 후원자가 있었다는 사실을 잊지 말아야 할 것입니다. 나 자신을 내세우기보다는 구성원들의 역량을 끌어낼 수 있는 노력이 필요합니다.

*조직에 위기가 왔을 때 적극적인 해결책을 제시하고 있는가?
*책임질 줄 아는 리더인가, 부하 직원의 성과를 빼앗는 리더인가?

리더가 부하보다 높을때

위대한 리더는
책임을 질 때를 제외하고는
어떤 경우에도
그의 추종자들보다
자신을 더 높은 곳에
두지 않습니다.

☎ 1566-6043 www.e-poster.co.kr

리더십의 의미

리더십에 대하여 다양한 해석이 있지만, 단어의 속뜻을 다시 생각해 보겠습니다. 리더십(Leadership)의 리더(Leader)는 구성원을 이끌어 가는 사람이며, 십(Ship)은 배입니다. 따라서 배를 이끄는 사람, 다시 말해 선장이라고 할 수 있습니다. 배는 어떤 목적(Vision)이 있을 테고, 선장은 그 목적에 따라 배를 올바른 방향으로 이끌어야 할 책임이 있습니다. 바람과 파도를 뚫고 목표지점까지 안전하게 항해할 수 있는 능력, 그것을 우리는 리더십(Leadership)이라 부릅니다.

*나는 어떤 리더십의 소유자인가?
*존경하는 리더는 어떤 모습인가?

Simply, Easily & Completely!
2016년 2월 29일(월)~3월 6일(일)

리더십은 비전을 현실로 변화시키는 능력이다

- 워런 베니스

☎ 1566-6043 www.e-poster.co.kr

지혜와 가능성을 찾아주는 생각의 씨앗

지금 불필요한 고민을 하고 있지는 않으십니까? 고민은 제자리걸음이요, 생각은 앞으로 나아가는 것입니다. 또한 생각이란 보이지 않는 가능성의 씨앗입니다. 밝고 건전한 생각은 삶의 지혜와 무한한 가능성을 찾을 수 있습니다. 이번 한 주 자유로운 생각과 상상력으로 가능성의 씨앗을 키워보시기 바랍니다.

*불필요한 고민은 이제 그만!
*밝고 건전한 생각으로 상상력을 키우자!

상사와 리더의 차이점

상사는 정상을 향할 때 목표를 평가하고, 리더는 정상을 향할 때 지금까지 성과를 칭찬합니다. 상사는 정상 앞에서 실패를 두려워하지만, 리더는 책임을 두려워하지 않습니다. 상사는 정상을 바라보지만, 리더는 함께하는 동료를 바라봅니다. 여러분은 상사입니까, 리더입니까?

*우리 조직의 목표는 어떻게 달성할 수 있을까?
*목표달성을 위해 가장 중요한 것은 무엇일까?

자신을 높이 올리고 싶다면

성공을 위해 어떤 방법이 있을까요? 함께 일하는 동료를 앞지르기 위해 그들을 따돌리고 정상에 올라갈 것인가요? 만약 그렇게 해서 정상에 올랐다면 머지않아 새로운 도전자를 만나게 될 것이고 자리 또한 오래가지 못할 것입니다.

교육자 부커 워싱턴은 "자신을 높이 올리고 싶다면 남을 높이 올려 주어라."라고 하였습니다. 여러분이 높은 곳에 오르고 싶다면 먼저 겸손해야 합니다. 다음은 동료를 칭찬하고 응원하십시오. 그것이 정상에 오르는 가장 빠른 길입니다.

*여러분은 비판에 익숙한가, 배려에 익숙한가?
*주변에서 어떤 동료를 칭찬해야 할까?

자신을 높이 올리고 싶다면
남을 높이 올려 주어라

-부커 워싱턴(교육가)

높은 곳에 있을수록 바람이 많이 분다

　최근 우리 사회에 불고 있는 미투(Me Too) 운동은 많은 사람들에게 교훈을 주고 있습니다. 여성 비하로부터 시작된 미투 운동은 급기야 문화계, 교육계, 법조계, 정치계, 그리고 종교계 등 모든 분야에서 반향을 일으키고 있습니다. 미투 운동에서 보듯이 피해를 입은 당사자뿐 아니라 가족들의 고통 또한 이루 말할 수 없습니다.

　높은 곳에 있을수록 바람이 많이 분다고 했습니다. 우리 사회 모든 계층에서 각성해야 하고, 특별히 높은 직위를 가진 사람일 수록 말과 행동에 있어 더욱 신중해야겠습니다.

*나의 말과 행동으로 인해 피해를 보는 사람은 없는가?

*나 자신이 피해를 보았다면 어떤 마음이 들까?

Simply, Easily & Completely!
2018년 4월 30일(월)~5월 6일(일)
높은 곳에 있을수록
바람이 많이 분다.
☎ 1566-6043 www.e-poster.co.kr

<에필로그>

6년간의 비즈니스 기록

2013년부터 시작된 주간 포스터는 공공기관과 민간기업을 중심으로 조직의 비전 달성과 구성원들의 사고전환 및 의식개선을 위하여 활용되고 있다.

조직은 그들이 설정한 사명(Mission)과 목표(Vision)를 달성하기 위하여 매년 사업계획을 수립하고 구성원들의 동기유발을 강조하고 있다. 이를 위하여 최고 경영자가 구성원에게 직접 목표를 설명하고 이해시키는 것이 가장 효과적일 수 있지만, 구성원에게 목표에 대한 강한 자신감과 의욕을 고취시키는 것이 어쩌면 더 중요할 수 있다고 생각한다.

"만약 당신이 배를 만들고 싶다면
사람들을 불러 모아 목재를 가져오게 하고
일을 지시하고 일감을 나눠주는 등의 일을 하지마라!
대신 그들에게 저 넓고 끝없는 바다에 대한 동경심을 키워줘라
-생텍쥐페리

사실 이포스터를 활용하여 사업을 하는 입장에서 그동안 만든 콘텐츠를 한꺼번에 책으로 만들어 공개한다는 것이 그간 투자된 비용과 앞으로의 사업에 큰 리스크가 될 수 있다는 속 좁은 생각에 차일피일 시간을 미루고 있었다.

그러나 이런 생각을 바꾸게 해주신 분이 맥아더스쿨 정은상 교장 선생님이다.

"시작이 반이고 나머지는 의심을 버려라."
-맥아더스쿨 정은상

출판을 결심하고 실행하는 과정은 그리 길지 않았다. 본격적인 출판을 위하여 '새로운사람들' 이재욱 사장님을 만났다. 6년간의 기록을 보신 이재욱 사장님께서는 "콘텐츠는 충분하니 분류만 잘하면 독자들에게 좋은 감동을 줄 수 있겠다."는 말씀에 더욱 자신감을 얻게 되었다.

이재욱 사장님은 그동안 600권 이상의 책을 출판한 출판사 대표님으로 출판사보다는 독자의 입장에서 출판을 기획하시는 분이다.

이번에 출판하는 책은 출판에 대한 의미보다는 6년간의 비즈니스 기록을 독자들에게 공개하는 것이다.

처음에는 자신 있는 내용을 한 권으로 묶어 소개하는 것으로 계획되었으나 어디 하나 의미를 부여하지 않을 것이 있겠냐는 출판사 의견에 따라 두 권으로 구분하여 출판하게 되었다.

그러다 보니 이미지를 제작한 작가님들을 소개하지 않을 수 없다. 먼저 표지 제작과 함께 오랜 기간 동안 주간 포스터 제작에 참여해주신 김기권 작가님 그리고 이포스터 사업을 시작하며 열정과 희망의 문을 열어주신 박정근 작가님 그 밖에도 윤삼보 작가님, 최성진 작가님, 정진하 작가님, 강화경 작가님, 허주경 작가님, 유해리 작가님, 장수정 작가님, 김지현 작가님, 이소명 작가님, 허주경 작가님 등 이분들이 없었다면 이 책이 나오지 못했을 것이다.

그리고 새로운 카피개발과 비즈니스 전반을 함께하는 전평근 위원님, 고정환 위원님, 최후림 위원님, 김연진 실장님께도 감사드린다.

마지막으로 이포스터 사업에 실무를 담당하며 고객과의 상담과 작가님과의 협의 그리고 인쇄와 납품을 담당하는 KPMC 고명희 실장님께 감사한다.

**"항상 같은 방향으로 돛을 올리는 사공은
결코 목적지에 도달할 수 없다."**

이포스터는 시즌2를 시작하는 새로운 발돋움을 시작하였다.
그동안 개발된 포스터는 이미지를 기반으로 운영되었다면 새로운 시즌2에서는 영상과 VR이 접목된 새로운 길을 준비할 것이다. 이를 위하여 필요한 것은 새로운 아이디어와 신기술 보다는 강한 자신감과 실행력이라 생각한다.

"무언가 하고 싶은 사람은 방법을 찾고,
아무것도 하기 싫은 사람은 구실을 찾는다."
-인도속담